# À plus! 3

Nouvelle édition

## Carnet d'activités Lehrerfassung

*Mit eingelegtem Förderheft*

Lieber Schüler, liebe Schülerin!

Falls du das eingelegte Heft mit Extra-Förderübungen verloren hast, kannst du es dir downloaden. Gehe auf **www.cornelsen.de/webcodes** und gib folgenden Webcode ein: **APLUS-3-CARNET-EXTRAHEFT**.

Wenn du dir die Hörtexte, die sich auf der CD befinden, downloaden möchtest, gehe auf **www.cornelsen.de/webcodes** und gib folgenden Webcode ein: **APLUS-3-CARNET-AUDIO**.

scook

AUDIOS online

Deine **interaktiven Übungen, Audios** und **Videos** findest du auf scook.de. Dort gibst du den unten stehenden Zugangscode in die Box ein.

Dein Zugangscode auf
www.scook.de

Die Nutzungsdauer für die Online-Übungen beträgt nach Aktivierung des Zugangscodes zwei Jahre. In dieser Zeit speichern wir deine Lernstandsdaten für dich; nach Ablauf der Nutzungsdauer werden sie gelöscht.

azawj-7b3nx

Cornelsen

Die folgenden aufgelisteten Angebote sind nicht obligatorisch abzuarbeiten.
Die Auswahl der Übungen richtet sich nach den Schwerpunkten des schulinternen Curriculums.
Grün gekennzeichnete Lektionsteile sind fakultativ.

## Inhalt

# À plus! 3

Nouvelle édition

## Carnet d'activités Lehrerfassung

### *Förderübungen*

In diesem Beiheft findest du weitere Übungen.
Sie sollen dich unterstützen, die *Fais-le-point*-Aufgaben erfolgreich zu lösen.

Die Lösungen zu den Förder- und Zusatzübungen findest du online. ► Code S. 1

Cornelsen

## 18|1 1 Qu'est-ce qu'on dit?

**a** Que font les personnes? Trouve le bon verbe pour chaque activité. | Was machen die Personen? Finde das richtige Verb für die Tätigkeiten. (▶ Repères, Qu'est-ce qu'on dit?, p. 24)

se coucher
se dépêcher
s'habiller
se lever
prendre sa douche

se lever

prendre sa douche

s'habiller

se dépêcher

se coucher

**b** Relie, puis écris les formes. | Verbinde und schreibe dann die Verbformen auf. (▶ Verbes, p. 161)

| | | |
|---|---|---|
| je | se | dépêchent |
| tu | vous | habillez |
| il/elle/on | m' | couche |
| nous | se | lèves |
| vous | te | habille |
| ils/elles | nous | levons |

**Singular**

1. je m'habille
2. tu te lèves
3. il/elle/on se couche

**Plural**

1. nous nous levons
2. vous vous habillez
3. ils/elles se dépêchent

## 18|2 2 Wortschatz

Quelle expression va avec quelle image? Note la lettre dans la bonne case. | Welche Redewendung passt zu welchem Bild? Schreibe den Buchstaben in das entsprechende Kästchen. (▶ Liste des mots, p. 168–174)

**a** faire un tableau **b** perdre l'équilibre **c** se dépêcher **d** courir
**e** construire un escalier **f** manger de la pizza **g** indiquer la direction
**h** faire une balade sur le fleuve **i** manger une glace **j** vendre des vieux livres

18|3 **3** Le pronom *y*

**Pauline parle de Paris. Retrouve l'ordre des mots dans les phrases. | Pauline erzählt von Paris. Finde die richtige Reihenfolge wieder.** **(▶ Repères, p. 24)**

Les Tuileries? suis quand j'étais petite. y allée J'

J'y suis allée quand j'étais petite.

La Tour Eiffel? montée. n'y suis Je jamais

Je n'y suis jamais montée.

Antony? habiter. Mon père y voulait

Mon père voulait y habiter.

Le boulevard Barbès? faire du shopping avec ma mère. J' adore y

J'adore y faire du shopping avec ma mère.

L'île de la Cité? On les glaces y de Paris. meilleures trouve

On y trouve les meilleures glaces de Paris.

La Seine? y On une en bateau. peut balade faire

On peut y faire une balade en bateau.

Le Louvre? célèbres. y tableaux trouve On très des

On y trouve des tableaux très célèbres.

## 19|4 4 L'imparfait

**a Entoure dans chaque ligne les verbes à l'imparfait. | Kreise in jeder Zeile die Formen im *imparfait* ein.** (▶ Repères, p. 25)

1. va – allais – allons – alliez – vont – aller
2. manger – mangeais – mange – avez mangé – mangions – mangent
3. a – avait – avez – a eu – avaient – aviez
4. vend – vendais – vendaient – a vendu – vendions – ont vendu – vendez
5. était – suis - sommes – été – être – étions – êtes
6. ont voulu – vouloir – veulent – voulait – voulons – voulions – vouliez
7. agir – agissons – agissais – a agi – agissiez – agissent – agissaient

**b Stéphane parle d'aujourd'hui et d'autrefois. Complète les phrases par les verbes à l'imparfait. | Stéphane erzählt von heute und früher. Ergänze die Sätze mit dem Verb im *imparfait*.**

1. Maintenant, je veux devenir ingénieur. Quand j'étais petit, je ___voulais___ devenir joueur de foot.
2. Maintenant, mon frère est fan de rock. Mais autrefois, il ___était___ fan de rap.
3. Aujourd'hui, tous les jeunes ont un smartphone. Mais autrefois, ils n'___avaient___ pas de portable.
4. Aujourd'hui, nous achetons les vêtements sur Internet. Autrefois, nous ___achetions___ les vêtements dans les magasins.

## 19|5 5 L'imparfait et le passé composé

**Imparfait ou passé composé? Entoure la bonne réponse. | *Imparfait* oder *passé composé*? Kreise die richtige Antwort ein.** (▶ Repères, p. 25)

Hier, j'allais / je suis allé sur l'île de la Cité avec Sylvain et Mathilde. Devant Notre-Dame, des artistes faisaient / ont fait de la musique. C'était / Ça a été cool.

Mais tout à coup, je sentais / j'ai senti un truc dans mon sac, je regardais / j'ai regardé et qu'est-ce que je voyais / j'ai vu!

Mon sac était / a été ouvert et mon portable n'était plus / n'a plus été dedans. C'était / Ça a été l'horreur!

Je criais / J'ai crié et Sylvain et Mathilde venaient / sont venus. Nous cherchions / avons cherché le voleur, mais nous ne le trouvions pas / ne l'avons pas trouvé.

J'étais / J'ai été triste. Alors Sylvain et Mathilde m'offraient / m'ont offert une glace chez Berthillon pour me consoler.

## ▶ 19|6 6 Die Verben *construire*, *courir* und *suivre*

**Complète les phrases par le verbe qui convient et écris son infinitif dans les parenthèses. | Ergänze die Sätze mit der passenden Verbform und schreibe den Infinitiv in Klammern.**
**(▶ Repères, p. 25)**

a construit   construit   cours   courent   suivais   suivent

1. Elle ___construit___ une armoire!

(___construire___)

2. Ils ___suivent___ leur mère!

(___suivre___)

3. Je ___cours___ pour gagner!

(___courir___)

4. Il ___a construit___ une tour pour son fils!

(___construire___)

5. Ils ___courent___ pour avoir le train!

(___courir___)

6. Je ___suivais___ le bus quand la voiture est arrivée!

(___suivre___)

## Unité 2

### ▶ 33|1 1 Qu'est-ce qu'on dit?

**Comment est-ce qu'on dit cela en français? Relie. | Wie drückt man das auf Französisch aus? Verbinde. (▶ Repères, p. 24)**

| | | | |
|---|---|---|---|
| Ich habe Abstand genommen. | 1 | a | J'ai lu le livre en une fois. |
| Ich habe ihn verteidigt. | 2 | b | J'ai pris mes distances |
| Das ist ein Freundschaftsbeweis. | 3 | c | L'histoire me plaît beaucoup. |
| In diesem Film amüsiert man sich sehr. | 4 | d | Il y a du suspense. |
| Man lacht vom Anfang bis zum Ende. | 5 | e | Dans ce film, on s'éclate. |
| Es gibt Spannung. | 6 | f | On rit du début à la fin. |
| Das ist eine rührende Szene. | 7 | g | C'est une preuve d'amitié. |
| Die Geschichte gefällt mir sehr gut. | 8 | h | C'est une scène touchante. |
| Ich habe das Buch in einem Zug gelesen. | 9 | i | J'ai pris sa défense. |

### ▶ 33|2 2 Wortschatz

**a** **Retrouve les mots. Écris les noms avec l'article défini et les adjectifs avec la forme masculine et féminine. | Finde die Wörter wieder und schreibe die Substantive mit dem bestimmten Artikel und die Adjektive auf. Schreibe auch die weibliche Form der Adjektive auf. (▶ Liste des mots, p. 176–181)**

1. aiiémt l'amitié — cnfncoiae la confiance
   scrtee le secret — eoffrt l'effort
   dcvréeoi qn décevoir qn — se mqroue de qn/qc se moquer de qn/qc
2. eaééxgr exagéré/exagérée — fraie du bnie faire du bien
   euyeunnx ennuyeux/ennuyeuse — plraie à qn plaire à qn
3. thmèe le thème — prsnngeoae le personnage
   rmnoa le roman — rltneaio la relation
   aoueumrx amoureux/amoureuse

**b** **Complète ce que ces jeunes disent par les mots de a. Attention: cinq mots sont au pluriel! | Ergänze, was die Jugendlichen sagen, mit den Wörtern aus a. Fünf Wörter sind im Plural.**

1. Pour moi, la confiance est très importante en amitié. Un ami ne doit jamais te décevoir. Un ami doit garder tous les secrets pour lui. Un ami doit faire des efforts pour toi. Et il ne doit jamais se moquer de toi!

2. Va voir «Les profs»! Ce film va te plaire. Il n'est pas du tout ennuyeux. L'histoire n'est pas réaliste et il y a beaucoup de scènes exagérées, mais tu vas rire, ça va te faire du bien!

3. Tu as lu «Le bon Antoine» de Marie Desplechin? Moi, j'ai bien aimé ce roman sur le thème de l'amitié. L'auteure décrit très bien les relations entre les personnages. Antoine est amoureux de Lison. Il est trop touchant!

## 33|3 3 Die Adverbien auf *-ment*

**a** **Complète le tableau. | Ergänze die Tabelle.** (Repères, p. 44)

| | adjectif | adverbe |
|---|---|---|
| 1. | terrible | terriblement |
| 2. | triste | tristement |
| 3. | facile | facilement |
| 4. | calme | calmement |
| 5. | ouvert, ouverte | ouvertement |
| 6. | courageux, courageuse | courageusement |
| 7. | sérieux, sérieuse | sérieusement |

**b** **Complète les phrases par les adjectifs et les adverbes de a. Pense à l'accord des adjectifs! | Ergänze die Sätze mit den Adjektiven und Adverbien aus a und denke an die Angleichung des Adjektivs.**

1. Je garde un souvenir terrible de cette journée. → Ça me déçoit terriblement.
2. Tu pleures! Pourquoi est-ce que tu es triste? → Pourquoi est-ce que tu me regardes tristement?
3. Pour mon copain, tout est facile! → Il trouve facilement des solutions aux problèmes.
4. Lili est une fille calme. → Elle réfléchit calmement aux problèmes.

5. Asma est très ___ouverte___. → Elle dit ___ouvertement___ ce qu'elle pense.

6. C'est aussi une fille ___courageuse___. → Elle agit ___courageusement___ sans avoir peur.

7. Et on peut compter sur elle: elle est ___sérieuse___. → Avec elle, on peut parler ___sérieusement___.

## 34|4 4 Die Adjektive auf *-al*

**a Relie.** | **Verbinde.** (▶ Repères, p. 45)

| | | | | | |
|---|---|---|---|---|---|
| 1. des vêtements *m. pl.* | originales<br>original<br>originaux<br>originale | 3. un endroit | idéale<br>idéaux<br>idéal<br>idéales | 5. le thème | principal<br>principale<br>principaux<br>principales |
| 2. une histoire | génial<br>géniale<br>géniales<br>géniaux | 4. des relations *f. pl.* | normale<br>normaux<br>normal<br>normales | 6. la famille | royal<br>royales<br>royale<br>royaux |

**b Complète les phrases par les éléments de a.** | **Ergänze die Sätze mit den Wörtern aus a.**

1. Max m'a raconté ___une histoire géniale___!
2. Je connais ___un endroit idéal___ pour faire du roller!
3. L'amitié est ___le thème principal___ de ce film.
4. J'aime porter ___des vêtements originaux___ mais pas chers.
5. J'aime les romans dans lesquels les gens ont ___des relations normales___.
6. J'ai lu un livre sur ___la famille royale___ de Belgique.

## 34|5 5 Das Relativpronomen *lequel*

**a Entoure la bonne réponse.** | **Kreise die richtige Antwort ein.** (▶ Repères, p. 45)

**Meriem**: Allez, on fait le test! 1. Un objet sans laquelle / lequel tu es perdue.
**Sila**: Mon smartphone bien sûr!
**Meriem**: Oui, pour moi aussi! 2. Une vraie amie, c'est ...
**Sila**: une personne sur laquelle / lesquelles je peux compter.
**Merien**: Ah, pour moi, c'est plutôt une personne avec lesquelles / laquelle je peux faire un tas de trucs. ... 3. Tu aimes les romans ...
**Sila**: dans lesquelles / lesquels on s'identifie avec le personnage principal.
**Meriem**: Oui, moi aussi! 4. Tu aimes mettre ...
**Sila**: des baskets dans lesquelles / lesquels on peut faire des kilomètres!
**Meriem**: Moi, aussi.

**b** **Entoure la bonne préposition et complète par une forme de** *lequel*. | **Kreise die richtige Präposition ein und ergänze mit der passenden Form von** *lequel*.

**Mendel**: Super, ce film! Il y a un tas de scènes avec / dans ___lesquelles___ on rigole!

**Dana**: Ce film pendant / pour ___lequel___ j'ai ri et pleuré est très touchant.

**Flora**: C'est vrai! J'ai adoré la scène où Paula retrouve la fille sans / avec ___laquelle___ elle a passé des années ! Trop touchant!

**Mendel**: Oui, parce que c'est la seule amie avec / sur ___laquelle___ elle peut compter.

**Dana**: Moi, j'ai préféré la scène où elle va voir les gens chez / sans ___lesquels___ elle vivait quand elle était petite.

## 34|6 **6** Relativsätze mit *ce qui* und *ce que*

**a** **Relie.** | **Verbinde.** (▶ **Repères, p. 45**)

Je ne sais pas ce que tu penses. **1**
Je ne sais pas ce qui te plaît. **2**
Je ne sais pas ce que tu aimes. **3**
Je ne sais pas ce qui t'intéresse. **4**

**a** Ich weiß nicht, was du magst.
**b** Ich weiß nicht, was dich interessiert.
**c** Ich weiß nicht, was dir gefällt.
**d** Ich weiß nicht, was du denkst.

**b** **Complète les phrases par** *ce qui* **ou** *ce que*. | **Ergänze die Sätze mit** *ce qui* **oder** *ce que*.

1. Dis ___ce que___ tu veux faire.
2. Racontez ___ce que___ vous avez vu.
3. Je ne vois pas ___ce qui___ te dérange.
4. Je voudrais savoir ___ce qui___ vous déçoit.

## 34|7 **7** Die Verben

**Complète les phrases par le verbe qui convient et écris son infinitif dans les parenthèses.** | **Ergänze die Sätze mit der passenden Verbform und schreibe den Infinitiv in Klammern.** (▶ **Verbes, p. 158–160**)

déçois   vivent   plaît   sait   riez

1. Pourquoi est-ce que vous ___riez___ bêtement? (___rire___)
2. Il me ___plaît___ trop, ce garçon! (___plaire___)
3. Ils ___vivent___ à Paris. (___vivre___)
4. Il ne fallait pas raconter ça à Max! Tu me ___déçois___. (___décevoir___)
5. Ma meilleure amie ___sait___ tout sur moi. (___savoir___)

## Unité 3

### 48|1 1 Qu'est-ce qu'on dit?

Léane fait une présentation sur le Québec. Retrouve l'ordre des mots dans les phrases. | Léane macht eine Präsentation über das Québec. Finde die richtige Reihenfolge wieder.
(▶ Repères, p. 66)

1. 1534, le En le Canada. navigateur découvre Jacques Cartier français
2. 1763, le devient En anglais. Canada
3. Le plus du provinces Québec grande la des Canada. est dix
4. Québec. est plus ville mais La Montréal, est la grande capitale
5. Québec compte d'habitants. huit millions Le
6. français. La officielle le est langue
7. parle Québec, inuktitut. on aussi et anglais Au

1. En 1534, le navigateur français Jacques Cartier découvre le Canada.
2. En 1763, le Canada devient anglais.
3. Le Québec est la plus grande des dix provinces du Canada.
4. La plus grande ville est Montréal, mais la capitale est Québec.
5. Le Québec compte huit millions d'habitants.
6. La langue officielle est le français.
7. Au Québec, on parle aussi anglais et inuktitut.

### 48|2 2 Wortschatz

**a** Fais les mots croisés. | Löse das Kreuzworträtsel.
(▶ Liste des mots, p. 182–190)

1

2

3

4

5

6

7

8

9

**b** Complète les phrases par les mots de a. | Vervollständige die Sätze mit den Wörtern aus a.

1. Dans la ___forêt___, on a vu des animaux: un ___caribou___ et on a même vu un ___ours noir___, mais on n'a pas eu peur!
2. Au Québec, en hiver, il peut faire très froid et il faut aimer la ___neige___.
3. Oh, regarde! Là-bas, devant le bateau, il y a une ___baleine___ et son petit!
4. Il y a beaucoup de poissons dans cette ___rivière___.
5. Tu aimes le ___sirop d'érable___? C'est une spécialité québécoise.
6. La ___motoneige___ est plus rapide que le ___traîneau___.

▶ 48|3

## 3 Die Präpositionen und Artikel vor Ländernamen

**a** Féminin ou masculin? Écris les noms de pays avec l'article défini. | Weiblich oder männlich? Schreibe die Ländernamen mit dem bestimmten Artikel auf. (▶ Liste alphabétique, p. 202–218)

Allemagne France Portugal Chine Tunisie Inde États-Unis Suisse Belgique Canada

**féminin** l'Allemagne, la France, la Chine, la Tunisie, l'Inde, la Suisse, la Belgique

**masculin** le Portugal, les États-Unis, le Canada

**b** Que dit Justin? Entoure le bon pays. | Was sagt Justin? Kreise das richtige Land ein. (▶ Repères, p. 66)

1. Je viens des (États-Unis) / Chine.
2. J'ai vécu au Tunisie / (Portugal).
3. Maintenant, je vis en (Inde) / Canada.
4. Je connais bien le Belgique / (Portugal) et les (États-Unis) / Suisse.
5. Plus tard, je voudrais m'installer en Portugal / (Allemagne).

**c** Complète les phrases par une préposition ou un article.

1. Johannes vient ___d'___ Allemagne.
2. Moi, je ne connais pas ___l'___ Allemagne.
3. Moi, j'ai une tante qui vit ___en___ Allemagne.
4. John vient ___du___ Canada.
5. Tu es déjà allé ___au___ Canada?
6. L'an dernier, on a visité ___le___ Canada.

## 48|4 4 Die Frage mit *qui est-ce qui, qui est-ce que* und *qu'est-ce qui*

**a Réponds aux questions. | Beantworte die Fragen.** (▶ Repères, p. 66)

1. Marie a visité le Nunavik. **Qui** est-ce **qui** a visité le Nunavik? Marie
2. Olivia invite ses nouveaux copains à Québec. **Qui** est-ce **qu'**Olivia invite à Québec? ses nouveaux copains
3. La nature me plaît au Nunavik. **Qu'**est-ce **qui** te plaît au Nunavik? la nature
4. À Montréal, je vais visiter la ville souterraine. **Qu'**est-ce **que** tu vas visiter à Montréal? la ville souterraine

**b Complète les questions. | Vervollständige die Fragen.** (▶ Repères, p. 66)

1. – Qui est-ce qui joue le rôle principal dans «Intouchables»?
   – **Omar Sy** joue le rôle principal dans «Intouchables».
2. – Qui est-ce que vous allez voir après les cours?
   – On va voir **Sacha et Léon** après les cours.
3. – Qu'est-ce qui te dérange ici?
   – **Tout** me dérange ici!
4. – Qu'est-ce qu' ils ont vu en Gaspésie?
   – En Gaspésie, ils ont vu **des paysages magnifiques**!
5. – Qui est-ce qui peut m'aider?
   – **Mario** peut t'aider!

## 49|5 5 Das *passé composé* der reflexiven Verben

**a Qu'est-ce qui va ensemble? Relie puis écris les phrases. | Verbinde und schreibe die Sätze auf.** (▶ Repères, p. 67)

| | | |
|---|---|---|
| 1. Alors, vous | me | suis levé et je suis parti. |
| 2. Non, on | t' | est ennuyés! |
| 3. Les garçons | s' | sont préparés avant de sortir. |
| 4. Lili et Lisa | nous | es baignée dans le lac? |
| 5. J'en ai eu assez, alors je | vous | êtes amusés à la fête? |
| 6. La nouvelle élève | se | est présentée à la classe. |
| 7. Océane, est-ce que tu | | sont promenées en ville. |
| 8. Nous | | est dépêché pour ne pas rater le métro. |
| 9. Léo | | sommes retrouvés devant la gare. |

1. Alors, vous vous êtes amusés à la fête?

2. Non, on s'est ennuyés!

3. Les garçons se sont préparés avant de sortir.

4. Lili et Lisa se sont promenées en ville.

5. J'en ai eu assez, alors je me suis levé et je suis parti.

6. La nouvelle élève s'est présentée à la classe.

7. Océane, est-ce que tu t'es baignée dans le lac?

8. Nous nous sommes retrouvés devant la gare.

9. Léo s'est dépêché pour ne pas rater le métro.

**b Qu'est-ce qu'ils ont fait? Mets ces phrases au passé composé.**

1. Samuel se prépare pour aller à la fête chez Dan. Là-bas, les jeunes s'amusent bien! Samuel se couche à deux heures du matin.
2. Malika et Dounia se lèvent à sept heures. Elles se préparent et Dounia se dépêche pour être à l'heure.

1. Samuel s'est préparé pour aller à la fête chez Dan. Là-bas, les jeunes se sont bien amusés! Samuel s'est couché à deux heures du matin.

2. Malika et Dounia se sont levées à sept heures. Elles se sont préparées et Dounia s'est dépêchée pour être à l'heure.

49|6

## 6 Der Infinitivsatz mit *avant de*

**Qu'est-ce que Lucien a fait hier? Retrouve le bon ordre. | Was hat Lucien gemacht? Finde die richtige Reihenfolge wieder.**

Dimanche, Lucien a joué au foot avec ses copains avant d'aller chez son grand-père. Avant de rentrer, il est passé chez un copain. Après le dîner, il a regardé la télé avec ses parents. Avant de se coucher, il a lu sur son lit.

49|7 **7** Das Pronomen *en*

**a** Voyage au Québec: Relie. | Reise ins Québec: Verbinde. (Repères, p. 5)

| | | | |
|---|---|---|---|
| Est-ce qu'il faut du sirop d'érable pour la poutine? | 1 | a | Oui, on peut en voir sur le Saint-Laurent, par exemple. |
| Est-ce qu'on peut voir des baleines au Québec? | 2 | b | Non, je n'en ai jamais fait. |
| Est-ce que tu connais des mots d'inuktitut? | 3 | c | Non, il n'en faut pas! |
| Est-ce que tu as déjà visité un parc national? | 4 | d | Oui, j'en connais deux ou trois. |
| Est-ce que tu voudrais voir des ours en liberté. | 5 | e | Oui, j'en ai visité un. |
| Est-ce que tu as déjà fait de la motoneige? | 6 | f | Oui, mais je ne voudrais pas en voir de près! |

**b** Réponds aux questions. Utilise *en*. | Antworte auf die Fragen. Verwende *en*.

1. Est-ce que tu as déjà fait une tarte au sirop d'érable?

   Non, je n'en ai jamais fait.

2. Est-ce que Lili voudrait faire une randonnée en traîneau?

   Oui, elle voudrait en faire une.

3. Est-ce que vous avez déjà mangé de la poutine?

   Oui, on en a déjà mangé.

49|8 **8** Die Steigerung des Adverbs

**a** Complète les phrases. Utilise le comparatif de l'adverbe. | Vervollständige die Sätze. Verwende den Komparativ der Adverbien. (Repères, p. 67)

aussi bien que — mieux que — moins bien que — plus loin que — moins vite que — plus vite qu'

1. En avion, on va plus vite qu' en train. *(schneller als)*
2. Chloé chante bien! Elle chante mieux que son frère. *(besser als)*
3. Akiak dessine aussi bien que son frère. *(genauso gut wie)*
4. L'école d'Olivia est plus loin que l'école de Félix. *(weiter als)*
5. Ma motoneige marche moins bien que la motoneige de Gabriel. *(weniger gut als)*
6. On ne va pas prendre le bus! Ça va moins vite que le métro. *(weniger schnell als)*

**b** **Complète les phrases. Utilise le superlatif de l'adverbe.** | **Vervollständige die Sätze. Verwende den Superlativ der Adverbien.** (▶ Repères, p. 67)

le mieux   le moins souvent   le plus   le plus vite

1. Aron déteste ranger sa chambre. Il la range ___le moins souvent___ possible.
2. Tu veux savoir qui chante ___le mieux___? C'est Farida parce qu'elle a la plus belle voix de toute la chorale!
3. Qui, de vous deux, court ___le plus vite___? Toi ou ta sœur?
4. L'album de Stromae que j'aime ___le plus___? Le deuxième! Il est vraiment bien.

## ▶ 49|9 9 Mengenangaben mit *plus de*, *moins de* und *autant de*

**a** **Vrai ou faux? Coche la bonne réponse.** | **Richtig oder falsch? Kreuze die richtige Antwort an.**

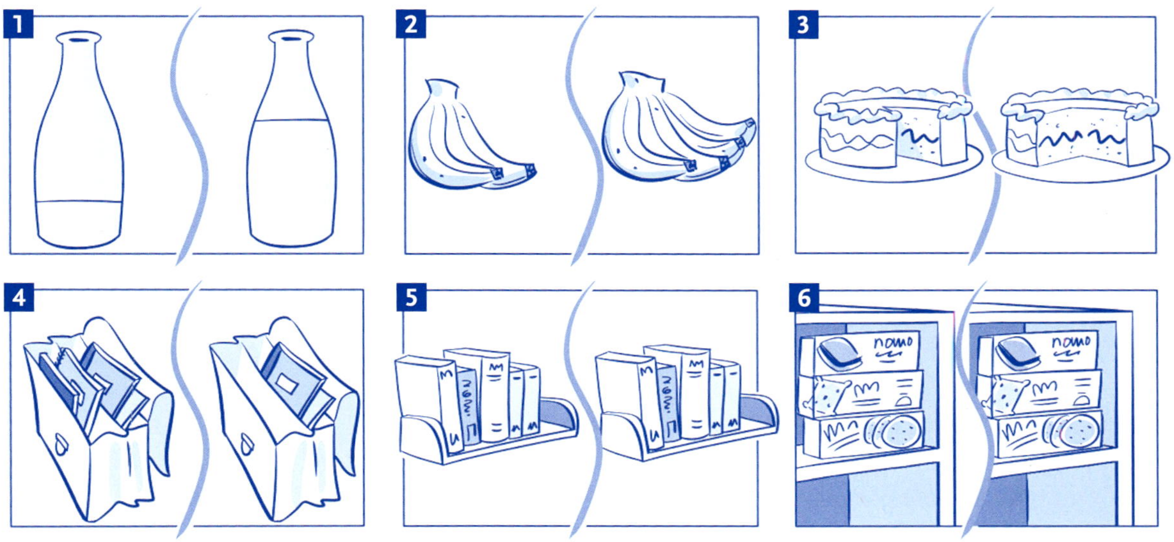

1. Dans la bouteille de droite, il y a plus de lait que dans la bouteille de gauche. [x]
2. Sur la table de droite, il y a autant de bananes que sur la table de gauche. [ ]
3. Dans le plat de droite, il y a moins de gâteau que dans le plat de gauche. [x]
4. Dans le sac de droite, il y a plus de cahiers que dans le sac de gauche. [ ]
5. Sur l'étagère de droite, il y a autant de livres que sur l'étagère de gauche. [x]
6. Dans le placard de droite, il y a plus de paquets de biscuits que dans le placard de gauche. [ ]

**b** **Corrige les phrases fausses. Utilise** *plus de*, *autant de* **ou** *moins de*. | **Korrigiere die falschen Sätze. Verwende** *plus de*, *autant de* **oder** *moins de*.

2. Sur la table de droite, il y a plus de bananes que sur la table de gauche.

4. Dans le sac de droite, il y a moins de cahiers que dans le sac de gauche.

6. Dans le placard de droite, il y a autant de paquets de biscuits que dans le placard de gauche.

## Unité 4

61|1 **1** **Qu'est-ce qu'on dit?**

**a** **Souligne l'intrus.** | **Was gehört nicht dazu? Unterstreiche.** (▶ Liste des mots, p. 191–196)

1. C'est dégueulasse! C'est bizarre! C'est dégoutant! C'est horrible!
2. Tu mens! Tu ne dis pas la vérité! Ne me parle pas sur ce ton! N'importe quoi!
3. Excuse-moi. Je reconnais que ce n'était pas bien. J'ai fait une faute. C'est le hasard!
4. J'en ai marre! Je te fais confiance! Je te respecte! Je te crois!

**b** **Relie.** | **Verbinde.**

| | | |
|---|---|---|
| Dans ma famille, ce n'est pas nous qui faisons le ménage. **1** | | **a** Alors je sors le chien et les poubelles. |
| Chez nous, on s'organise. **2** | | **b** Chacun fait une tâche ménagère. |
| Moi, je n'aime pas ranger et nettoyer l'appartement. **3** | | **c** Il y a une femme de ménage qui vient. |
| Mon frère râle toujours quand il faut faire quelque chose. **4** | | **d** Pour lui, tout est pénible, mais moi, je crois que c'est lui qui est pénible! |

61|2 **2** **Der Imperativ mit Pronomen**

**a** **Complète. Dis le contraire.** | **Ergänze. Sage das Gegenteil.** (▶ Repères, p. 88)

1. – Ne me regarde pas quand je te parle! – Mais si, regarde-moi quand je te parle!
2. – Ne te lève pas à 7 heures. – Mais si, lève-toi à 7 heures.
3. – Ne lui fais pas confiance. – Mais si, fais-lui confiance.
4. – Ne le regardons pas au cinéma. – Mais si, regardons-le au cinéma.
5. – Ne la crois pas. – Mais si, crois-la.
6. – Ne nous invitez pas à la fête. – Mais si, invitez-nous à la fête.
7. – Ne vous promenez pas au parc. – Mais si, promenez-vous au parc.
8. – Ne les écoute pas. – Mais si, écoute-les.
9. – Ne leur dis pas la vérité. – Mais si, dis-leur la vérité.

**b** **Complète. Utilise l'impératif.** | **Ergänze. Verwende den Imperativ.**

se dépêcher dire faire reconnaître

1. – Je suis en retard!
   – Alors dépêche-toi.

2. – Ma mère croit que je suis encore un enfant!

   – Alors ____dis____-lui que tu as 15 ans!

3. – Annabelle connaît mon secret.

   – Ce n'est pas grave. ____Fais____-lui confiance!

4. – Je n'ai pas lu ton profil.

   – Ce n'est pas vrai! ____Reconnais____-le!

62|3 **3** **Die *mise en relief***

**a** **Marielle montre son smartphone à son arrière-grand-mère. Complète les phrases par *qui* ou *que*/*qu'*. | Marielle zeigt ihrer Großmutter ihr Smartphone. Vervollständige die Sätze mit *qui* oder *que*/*qu'*.** (▶ Repères, p. 89)

1. Ce sont tes parents __qui__ t'ont offert ce cadeau?
2. C'est cette marque célèbre __qui__ coûte très cher?
3. C'est comme ça __que__ tu fais ces belles photos?
4. C'est ici __que__ tu télécharges toutes ces chansons?
5. Ce sont tes amis __qui__ t'écrivent ces textos?
6. C'est sur ce site __que__ tu as trouvé les informations pour ton exposé?
7. C'est avec des personnes que tu ne connais pas __que__ tu joues?
8. Moi, ce sont les quiz en ligne __que__ je préfère!
9. Et là, c'est ma voix __qu'__ on entend!

**b** **Réécris les phrases. Utilise la mise en relief. | Du möchtest etwas betonen. Benutze die *mise en relief*.**

1. J'ai trouvé ça <u>sur le site du lycée</u>. → C'est ____sur le site du lycée que____ j'ai trouvé ça!
2. <u>Mario et Louis</u> ont rigolé. → Ce sont ____Mario et Louis qui____ ont rigolé!
3. <u>Je</u> l'ai dit aux surveillants. → C'est ____moi qui____ l'ai dit aux surveillants!
4. Et <u>les surveillants</u> l'ont dit au principal. → Et ce sont ____les surveillants qui____ l'ont dit au principal!

62|4

## 4 Die indirekte Frage

**a** Des extra-terrestres sont arrivés dans un petit village de France. Les habitants ne peuvent plus parler correctement. Retrouve l'ordre des mots. | Außerirdische sind in einem kleinen französischen Dorf gelandet. Die Einwohner können nicht mehr richtig sprechen. Finde die richtige Reihenfolge wieder. (▶ Repères, p. 89)

1. J'aimerais savoir ce que les journaux vont écrire demain.

2. Je me demande comment ils sont arrivés ici.

3. Je ne sais pas pourquoi ils ont choisi notre village.

4. Nous nous demandons si nous ne sommes pas devenus fous!

5. Vous savez ce qui va se passer maintenant?

**b** Les extra-terrestres aussi ont beaucoup de questions. Complète avec *si/s', ce que/qu', ce qui, comment, quand* ou *pourquoi*. | Auch die Außerirdischen haben viele Fragen. Ergänze mit *si/s', ce que/qu', ce qui, comment, quand* oder *pourquoi*.

1. «Comment est-ce qu'on dit bonjour chez vous?»

Il demande comment on dit bonjour chez nous.

2. «Qu'est-ce qu'on mange ici?»

Il demande ___ce qu'___ on mange ici.

3. «Est-ce qu'il y a des garçons et des filles chez vous?»

Il demande ___s'___ il y a des garçons et des filles chez nous!

4. «Quand est-ce que vous dormez?»

Il demande ___quand___ nous dormons.

5. «Pourquoi est-ce que vous n'êtes jamais venus sur notre planète?»

Il veut savoir ___pourquoi___ nous ne sommes jamais allés sur leur planète.

6. «Qu'est-ce qui va se passer maintenant?»

Il veut savoir ___ce qui___ va se passer maintenant.

62|5

## 5 Das Verb *croire*

**Complète les formes du verbe *croire* avec *croi-*, *croy-* ou *cru-*. | Ergänze die Formen des Verbs *croire* mit *croi-*, *croy-* oder *cru-*.** **(▶ Repères, p. 89)**

1. Nous ___croy___ons que c'est par là. Et vous? Vous ne ___croy___ez pas que ce chemin va à Saint-Martin?
2. Je ___croi___s qu'il va faire beau cet après-midi ... Tu ___croi___s que la piscine est ouverte?
3. Ces deux-là sont super amoureux: lui, il ___croi___t que c'est la femme de sa vie, et elle, elle ___croi___t que son copain est génial!
4. Les enfants ___croi___ent souvent que leurs parents ont des pouvoirs surnaturels.
5. Autrefois, je ___croy___ais que le père Noël avait un grand vêtement rouge et blanc.
6. Pendant longtemps, les hommes ont ___cru___ que le soleil était moins important que notre planète.
7. Ils ___croi___ent que tout le monde est gentil! Il ne faut pas ___croi___re tout ce qu'on vous raconte! Il y a des gens qui mentent!

## Unité 5

71|1 **1** **Vocabulaire**

**a** Fais les mots croisés. | Löse das Kreuzworträtsel. (▶ Liste des mots, p. 196–201)

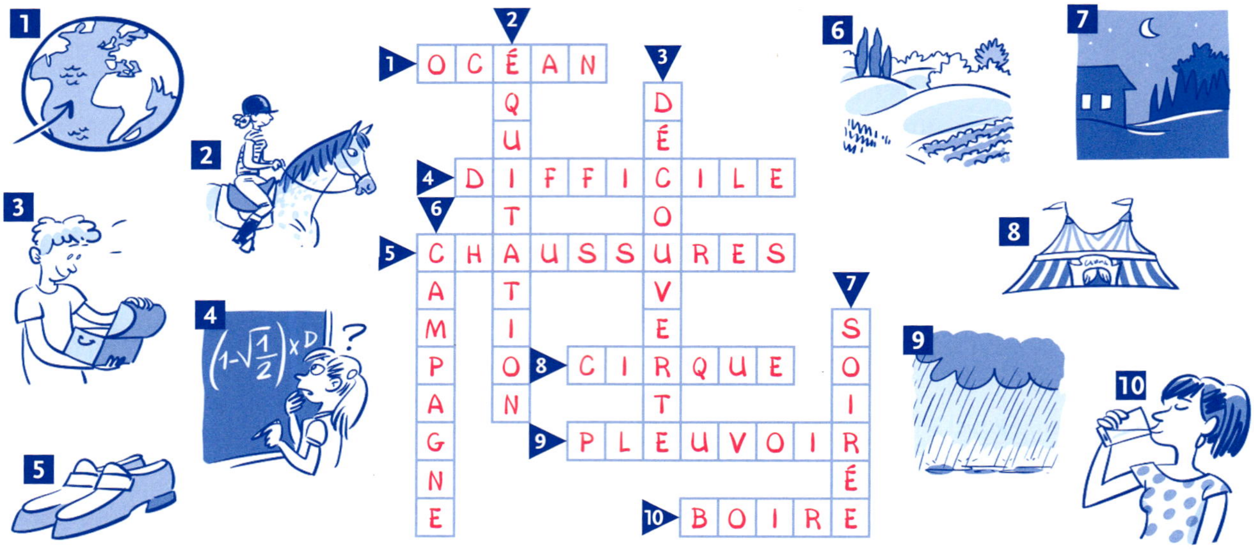


**b** Complète les phrases par les mots de a. | Ergänze die Sätze mit Wörtern von a.

1. La mer méditerranée est plus petite que l'___océan___ Atlantique.
2. Le temps est bizarre: D'abord il ___a plu___ *(p. c.)*, puis il a fait beau.
3. J'ai passé une bonne journée et une bonne ___soirée___ chez Elsa.
4. J'ai soif, je voudrais ___boire___.
5. Tu préfères la vie en ville ou la vie à la ___campagne___?
6. Arthur a mal aux pieds à cause de ses nouvelles ___chaussures___.
7. Pipo et Bella sont des clowns et ils travaillent dans un ___cirque___.
8. Annie adore les chevaux, alors son sport préféré, c'est ___l'équitation___.
9. Dans une vieille boîte, chez ma grand-mère, j'ai fait une ___découverte___ incroyable!
10. Cet exercice n'était pas ___difficile___, je l'ai fait en cinq minutes!

**c** Le chat a faim. Entoure le bon mot. | Die Katze hat Hunger. Kreise das richtige Wort ein.

1. Le chat a tourné (autour de) / dans l'aquarium.

2. Le soir, l'aquarium était seul / (vide).

3. Surcouf a difficilement / sûrement mangé le poisson rouge.

4. Je ne lui ai donc / tout de suite pas donné de pâté ce soir.

72|2 **2** ***être en train de* + infinitif / *venir de* + infinitif**

**a** **Lis les dialogues et entoure l'expression qui correspond.** | **Lies die Dialoge und kreise den richtigen Ausdruck ein.** (Repères, p. 107)

1. – Est-ce que je peux emprunter ce livre?
   – Non, je viens de / je suis en train de le lire, je suis désolé!
2. – Est-ce que je peux emprunter cette bédé?
   – Oui, je viens de / je suis en train de la finir, elle est géniale!
3. – Est-ce que je peux manger ce gâteau?
   – Oui, je viens de / je suis en train de le faire, il est encore chaud!
4. – Est-ce que tu es prête?
   – Non, je viens de / je suis en train de me préparer. J'arrive dans cinq minutes!

**b** **Complète les phrases par les formes des verbes *être* et *venir*.** | **Vervollständige die Sätze mit den Verbformen von *être* und *venir*.**

Laura et moi, nous ____venons____ de faire les courses au supermarché. Maintenant Lara ____est____ en train de faire ses devoirs et moi, je ____suis____ en train de faire la cuisine. Paul et Annie ____viennent____ de rentrer. Ils ____sont____ en train de ranger leur chambre. Et toi ... Ah, tu ____viens____ de quitter le bureau? Tu as rencontré Guy? Vous ____êtes____ en train d'acheter le pain à la boulangerie? Super, alors à tout de suite!

**c** **Quelle image correspond au texte? Coche-la.** | **Welches Bild passt zum Text? Kreuze an.**

☐ 

☒ 

☐ 

## 72|3 3 Das Pronomen *en*

**a** *En* **ou** *y*? **Complète les mini-dialogues.** | *En* **oder** *y*? **Vervollständige die Dialoge.**
(Repères, p. 106)

1. Nous revenons de Bretagne.
   Vous __en__ revenez contents! Ça vous a plu?

2. Nous allons à Montpellier chez Luc et Sarah.
   Vous __y__ allez quand? Dites-leur bonjour!

3. Nous sommes restés toute une journée au parc d'accrobranche.
   Ah bon, vous __y__ êtes restés si longtemps? C'est cool!

4. Nous sortons du musée de la mer.
   Ah bon, vous __en__ sortez? Et c'était bien?

5. J'ai besoin de ces œufs pour faire des crêpes!
   Tu __en__ as besoin? Alors prends-les!

6. Je suis chez Mathilde!
   Ah bon … et tu __y__ es depuis longtemps? On te cherche depuis une heure!

**b** **Schreibe auf, bei welchen Verben** *en* **und** *y* **stehen.**

en: revenir de, sortir de, avoir besoin de

y: aller à, rester à, être chez

**c** **À toi! Réponds aux questions.** | **Antworte auf die Fragen.**

1. – Tu vas au foot?
   – Non, je n'y vais pas!

2. – Tu sors de ce magasin?
   – Non, je n'en sors pas.

3. – Tu es restée chez Elsa toute la journée?
   – Non, je n'y suis pas restée toute la journée

4. – Tu viens de Paris?
   – Non, je n'en viens pas.

5. Tu as peur des chiens?

– Non, je n'en ai pas peur.

6. – Tu te balades souvent dans ce parc?

– Non, je ne m'y promène pas souvent.

## 72|4 4 Das Fragepronomen *lequel*

**a** Classe les mots et note-les. | Ordne die Wörter zu und schreibe sie auf. (▶ Repères, p. 107)

les baskets ta veste un club des livres la porte vos chambres un gâteau tes chaussures une crêpe les vêtements nos amis mon pull

| | singulier | pluriel |
|---|---|---|
| **masculin** | lequel? | lesquels? |
| | un club | des livres |
| | un gâteau | les vêtements |
| | mon pull | nos amis |
| **féminin** | laquelle? | lesquelles? |
| | ta veste | les baskets |
| | la porte | vos chambres |
| | une crêpe | tes chaussures |

**b** À toi! Complète. | Ergänze mit dem passenden Fragebegleiter.

1. – Mets tes chaussures! – Lesquelles?
2. – Il fait froid, je vais mettre mon pull. – Lequel?
3. – Mets ta veste! – Laquelle?
4. – À la colo, j'ai choisi un club de sport. – Lequel?
5. – Je voudrais avoir un gâteau pour mon anniversaire. – Lequel?
6. – Nos amis vont venir manger chez nous ce soir. – Lesquels?

# Kopiervorlage Verbkartei

| INFINITIF | Terminaison | Régulier ☐<br>Irrégulier ☐ | Particularité |
|---|---|---|---|

| | PRÉSENT | IMPÉRATIF |
|---|---|---|
|  | Je/J’ | |
|  | Tu | |
|  | Il/Elle/On | |
|  | Nous | |
|  | Vous | |
|  | Ils/Elles | |

| se conjugue comme: | PASSÉ COMPOSÉ |
|---|---|
| IMPARFAIT | FUTUR |



| INFINITIF | Terminaison | Régulier ☐<br>Irrégulier ☐ | Particularité |
|---|---|---|---|

| | PRÉSENT | IMPÉRATIF |
|---|---|---|
|  | Je/J’ | |
|  | Tu | |
|  | Il/Elle/On | |
|  | Nous | |
|  | Vous | |
|  | Ils/Elles | |

| se conjugue comme: | PASSÉ COMPOSÉ |
|---|---|
| IMPARFAIT | FUTUR |

# Tu es en forme pour la rentrée? facultatif

## Vocabulaire et expression

**1** Lis cette bédé, puis trouve-lui une fin.

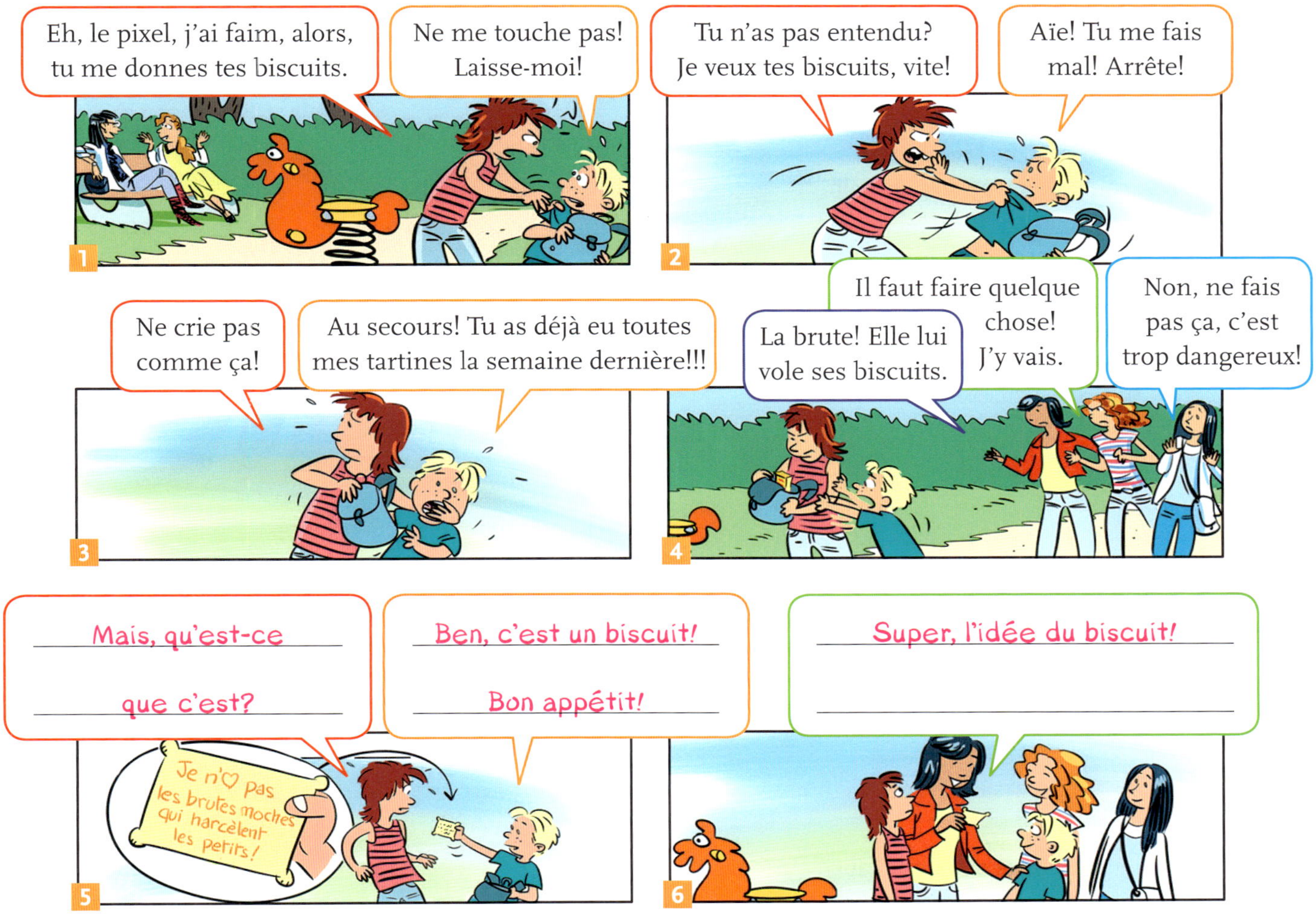


**2** Karima est nouvelle à Paris et elle cherche des nouveaux amis. Elle se présente sur un forum, mais elle a eu des problèmes avec son nouvel ordinateur. Aide-la et complète le texte.

___Je m'appelle___ Karima Ben Jalil. ___Je suis née___ à Montpellier. Mon père ___vient de___ Tunisie. Ma mère ___est de___ Montpellier. Maintenant, ___j'habite à___ Paris. ___J'ai___ 13 ans et demi. J'ai trois frères. Je n'ai pas d'animaux. ___Ma matière préférée___, c'est le français. ___J'aime___ beaucoup la musique. ___Je fais de la___ guitare. Après mes devoirs, ___je joue de la___ guitare pendant dix minutes. ___Je suis fan de___ la chanteuse Tal! ___J'adore___ le sport! ___Je fais du___ ski, ___je joue au___ handball dans un club et je vais souvent à la piscine. ▸▸▸

Mon plat préféré? Je ne sais pas. ___Je n'aime pas le___ fromage, ce n'est pas bon, mais ___j'aime___ les fruits. Et toi?

## Écouter

CD 2 **3** **a** Tu es à Paris, à la gare de l'Est. Tu veux aller chez un copain, mais tu ne retrouves pas le chemin. Tu lui téléphones. Écoute et retrouve le chemin.

**b** Écoute encore une fois. Note le nom de la rue où ton copain habite.

Rue du Temple ___

## Parler

**4** Imagine: Tu rencontres un copain / une copine et tu lui racontes tes vacances. Qui est A et qui est B?

| **Partenaire A** (Ton copain / Ta copine) | **Partenaire B** (Toi) |
|---|---|
| – fragt, wo **B** die Ferien verbracht hat. | – antwortet, dass er/sie mit seiner/ihrer Familie im Languedoc-Roussillon war. |
| – fragt, was **B** dort gemacht hat. | – antwortet, dass sie gezeltet haben, dass sie gewandert und Mountainbike gefahren sind. |
| – möchte wissen, ob **B** auch eine Stadt gesehen hat. | – bejaht: Sie waren in Nîmes und in Montpellier. |
| – fragt, ob **B** auch am Meer war. | – bejaht: Sie haben eine Woche in Palavas-les-Flots verbracht und er/sie hat dort einen netten Jungen / ein nettes Mädchen kennengelernt. |
| – will wissen, wie der Junge / das Mädchen heißt. | – antwortet: Bilal/Zoé. |
| – fragt, ob **B** seine/ihre Adresse hat. | – bejaht, aber er/sie schickt lieber SMS. |

## Écrire

**5** Réponds à Camille et donne-lui des conseils. Tu peux utiliser un dictionnaire. Écris 40 à 60 mots dans ton cahier.

**J'ai trop de devoirs!**
Au secours! Je ne finis jamais mes devoirs avant 21 heures, c'est l'horreur! J'ai des problèmes d'organisation et j'ai trop de devoirs! Qu'est-ce que je peux faire? **Camille, 13 ans**

Je pense que ___
Je trouve que ___
Il ne faut pas baisser les bras.
Il faut + *inf.* / Il ne faut pas + *inf.*
À mon avis, ___ Essaie!
Tu dois ___ Bonne chance!

## Lire

**6** Lis l'affiche sur le Midi-Pyrénées. Qu'est-ce qu'on peut faire dans cette région? Fais une liste. Note au moins huit choses.

admirer aller découvrir faire visiter voir ___

aller à Toulouse, visiter Rocamadour, découvrir la grotte du Mas-d'Azil, faire du ski, faire des randonnées, faire de l'escalade, admirer le viaduc de Millau, manger des spécialités comme le cassoulet

# Le Midi-Pyrénées, c'est …

… la deuxième plus grande région de France. Elle se trouve dans le sud de la France et Toulouse est la capitale de la région avec 450 000 habitants. Toulouse est une ville branchée et dynamique. On monte l'Airbus A 380 à Toulouse! C'est aussi la troisième ville étudiante après Paris et Lyon.

la grotte du Mas-d'Azil

… une région qui attire 16 millions de touristes par an. Il y a des endroits très touristiques comme le village de Rocamadour, le canal du Midi ou la grotte du Mas-d'Azil avec son musée de la préhistoire.

le Vignemale

… une région avec une nature magnifique et des paysages fantastiques. Les Pyrénées, qui vont de la mer Méditerranée à l'océan Atlantique, s'étendent d'est en ouest sur toute la région. Le Vignemale est le plus haut sommet du côté français avec 3 300 m. Le Massif central se trouve dans le nord-est de la région. En montagne, on peut faire du ski en hiver et des randonnées magnifiques ou de l'escalade en été.

… des monuments du Moyen-Âge comme la cathédrale Saint-Bertrand-de-Comminges, qui se trouve sur le chemin de Saint-Jacques de Compostelle, ou le château de Foix.

la Cathédrale Saint-Bertrand-de-Comminges

… des monuments modernes comme le viaduc de Millau, un pont de 343 mètres!

… une région où on aime bien manger. Il y a beaucoup de spécialités comme le foie gras, le cassoulet ou le fromage de Roquefort.

le viaduc de Millau

## Médiation

**7** À la journée portes ouvertes de ton collège, tes parents, qui aiment la nature, s'intéressent à l'affiche sur le Midi-Pyrénées. Explique-leur de quoi elle parle. Prends des notes en allemand.

# Tu es en forme pour l'unité 1? facultatif

Vorbereitung auf:

Volet 1
Wortfeld
Stadt

**1 a Quel verbe va avec quels compléments? Relie et trouve pour chaque verbe un autre complément.**

| | | | |
|---|---|---|---|
| exister | 1 | a | dans un appartement – chez ses parents – près de Paris |
| faire | 2 | b | le pont – la place – la rue |
| habiter | 3 | c | une balade – les courses – du shopping |
| aller | 4 | d | au supermarché – à la boulangerie – au cinéma |
| traverser | 5 | e | une exposition – une cathédrale – un musée |
| visiter | 6 | f | depuis le Moyen-Âge – depuis 20 ans – encore aujourd'hui |

(Lines drawn: 1 – f, 2 – c, 3 – a, 4 – d, 5 – b, 6 – e)

**b Écris au moins cinq phrases au présent avec les expressions de a dans ton cahier.**

Volet 2
Wortfeld
Transport-
mittel

**2 Quels moyens de transport[1] connais-tu? Écris-les avec l'article défini *le/la*.**

le car, le bateau, le bus, le vélo, le tram, la voiture, le train, le skate-board

[1] **le moyen de transport** das Transportmittel

Volet 2
Tagesab-
läufe be-
schreiben

**3 a Des élèves français vont passer trois jours à Berlin. Voici leur programme. Complète.**

quartier départ visiter place balade
gare exposition fermé programme
château retour musée auberge de jeunesse

Alors voici le programme pour les 4 jours! On va dormir à l'auberge de jeunesse qui se trouve dans un quartier branché: Friedrichshain. Lundi matin, on va visiter le Reichstag et ensuite on va faire une balade en bus sur l'avenue Unter den Linden. Le départ est à côté de la porte de Brandebourg. L'après-midi, nous allons dans un musée d'art moderne qui se trouve dans une vieille gare: Hamburger Bahnhof. Il y a une exposition très intéressante. Nous ne pouvons pas visiter le Musée historique allemand: il est fermé. Mardi matin, nous allons à Charlottenburg pour visiter le château: Schloß Charlottenburg! L'après-midi, nous allons visiter une place très moderne au centre de Berlin, c'est la Potsdamer Platz. Et le soir, c'est déjà le retour. Nous prenons le train de nuit pour Paris à 22 heures 07!

**b Qu'est-ce qu'ils ont fait lundi et mardi? Note les activités dans ton cahier.**

CD 3
Volet 2
Wegbeschreibung

**4** **Il y a un nouveau magasin dans le quartier. Écoute la conversation et trouve le bon chemin.**

☐ 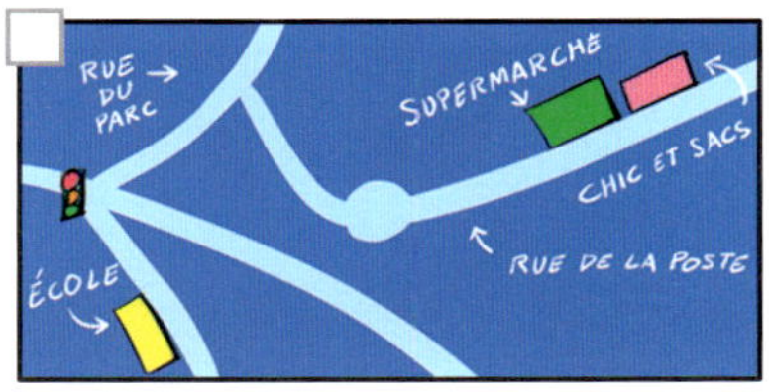


☒ 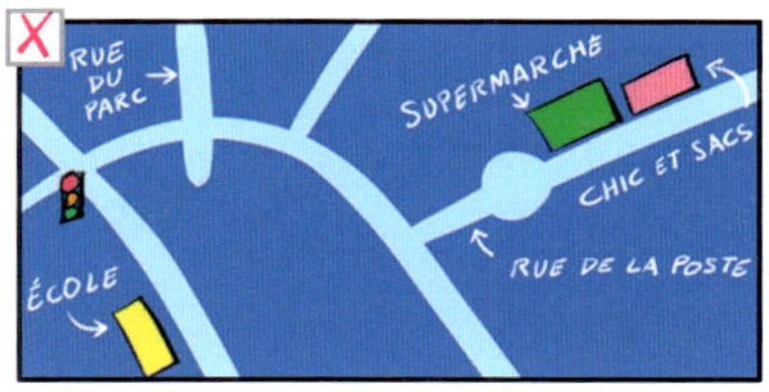


☐ 

Volet 2
reflexive Verben

**5** **Que disent les personnes? Utilise dans chaque phrase un verbe pronominal au présent.**

s'appeler s'énerver s'amuser se souvenir s'entraîner se retrouver

1

Je / Emilien.

2

Tu / de l'histoire?

3

Elle / toujours.

4

Nous / à 3 heures.

5

Vous / bien?

6

Ils / tous les samedis.

Volet 3
*imparfait und passé composé*

**6** **a** **Les verbes au passé composé: *être* ou *avoir*? Fais une liste. Écris dans ton cahier.**

passer arriver écouter rentrer aller *(2x)* faire *(2x)* sortir voir

**b** **Sophie a passé un week-end avec sa famille chez sa tante à Nîmes. Le dimanche soir, elle chatte avec sa copine Lola pour lui raconter son week-end. Complète par les verbes de a au passé compose.**

Coucou Sophie, tu es rentrée ?

Oui, on est arrivés il y a une heure!

Qu'est-ce que vous avez fait ?

On a passé le week-end chez ma tante à Nîmes.

Cool! Vous êtes allés aux arènes?

Oui, ma cousine Inès et moi, nous avons écouté un concert. Et toi?

Qu'est-ce que tu as fait ?

Je suis sortie avec Sasha! On est allés au cinéma et nous avons vu un film très drôle!

Tu es en forme pour l'unité 1? sept

# Unité 1 Bienvenue à Paris

## VOLET 1

### Lire et comprendre

**1** **Laïla, Solal et leurs grands-parents cherchent leur voiture. Où sont-ils? Lis le texte et fais le quiz. Écris les noms des avenues sur le plan et trouve l'Avenue de la Grande Armée.**

**Grand-père:** «J'ai garé le camping-car **avenue de Wagram**, mais je me suis égaré[1] **avenue Hoche**; j'arrive finalement par l'**avenue Friedland**.»
**Grand-mère:** «J'arrive au bout de l'**avenue Marceau**; j'ai laissé les **Champs-Élysées** à ma gauche et l'**avenue d'Iéna** à ma droite.»

**Laïla:** «Je suis perdue; sur un panneau[2], je lis ‹**Victor Hugo**›. D'autres panneaux indiquent l'**avenue Foch**, à ma gauche, et l'**avenue Kléber**, à ma droite.»

**Solal:** «Je vois, à ma gauche, l'**avenue Carnot** et, à ma droite, l'**avenue Mac-Mahon**.»

**1 s'égarer** sich verirren **2 le panneau** das Schild

### Vocabulaire et expression

**2** **Complète les mini-dialogues.** (▶ Liste des mots, p. 168–170)

1. – Les musées, ce n'est pas mon truc!
   – Alors on va aux Tuileries, il y a un parc.
2. – On achète une glace?
   – Non, il fait trop froid! Allons plutôt boire un chocolat chaud.
3. – Qu'est-ce qu'on peut faire sur les quais de la Seine?
   – On peut se balader.
4. – On va au Louvre?
   – Bof, je n'aime pas trop les tableaux!
5. – Est-ce que Montpellier est loin de Paris?
   – Oui. La distance entre Paris et Montpellier est de 748 kilomètres!
6. – Quel fleuve traverse Paris?
   – C'est la Seine!
7. – Le pont Neuf a quel âge?
   – Écoute, il existe depuis 1606 …
   Alors tu peux calculer!

## Grammaire

**3** Complète. (▶ Repères, p. 25/2)

| infinitif | présent | imparfait |
|---|---|---|
| finir | nous finissons | je finissais |
| faire | nous faisons | tu faisais |
| vendre | nous vendons | il vendait |
| dire | nous disons | elle disait |
| vouloir | nous voulons | on voulait |
| être | nous sommes | nous étions |
| devoir | nous devons | vous deviez |
| voir | nous voyons | ils voyaient |
| manger | nous mangeons | elles mangeaient |
| aller | nous allons | j' allais |
| sortir | nous sortons | elle sortait |

**4 a** **Comment est-ce que c'était avant? Comment est-ce que c'est maintenant? Complète les phrases par les verbes** *aller, devoir, faire, être, voir* **et** *vouloir*. **Utilise l'imparfait et le présent.** (▶ Repères, p. 25/2)

1. Autrefois, Lucile devait traverser le pont Neuf pour aller au collège, maintenant, elle doit juste traverser la rue.
2. Avant, tu voyais le jardin des Tuileries de ta fenêtre, maintenant, tu vois la Seine.
3. Avant, les Parisiens voulaient avoir une voiture, maintenant, ils veulent faire du vélo.
4. Autrefois, je faisais des balades avec mes parents au jardin des Tuileries, maintenant, je fais du shopping aux Champs-Élysées.
5. Avant, vous alliez au théâtre des Champs-Élysées, maintenant, vous allez à la chorale de Notre-Dame!
6. Autrefois, nous étions nuls en EPS, maintenant, nous sommes bons en foot.

**b** **Et chez toi? Décris la vie dans ta ville / ton village / ton quartier autrefois et maintenant. Écris au moins cinq phrases dans ton cahier.**

Interaktive Übungen zu dieser Unité findest du auf www.scook.de gratis. Den Code findest du auf der Seite 1.

**5** Relie pour retrouver le dialogue. (▶ Repères, p. 24/1)

| | | | |
|---|---|---|---|
| Tu connais bien Paris? | 1 | a | Oui, on y va. |
| C'est intéressant, le Louvre? | 2 | b | Non, je n'y suis jamais monté/e. |
| Tu es déjà allée au cinéma sur les Champs-Élysées? | 3 | c | Oui, on y trouve des tableaux très intéressants. |
| Tu connais aussi les tours de Notre-Dame? | 4 | d | Oui, j'y ai habité pendant 2 ans. |
| Que peut-on faire sur les quais de la Seine? | 5 | e | Oui, j'y ai vu des films super cools. |
| On va manger une glace chez Berthillon? | 6 | f | On peut y faire des balades et du roller. |

## Écouter et comprendre

CD 4

**6** Écoute. Quelle photo va avec quel texte? Note le bon numéro. Attention, il y a une photo en trop!

1

5

2

3

4

## Apprendre à apprendre

**7** Voici un texte sur une station de métro célèbre. Complète les notes. (▶ Méthodes, p. 146/25.2)

La station de métro Porte Dauphine est une station parisienne typique. Construite en 1900, elle est une des stations les plus anciennes de Paris. Elle se trouve près des Champs-Elysées, sur la ligne 2. En 1900, l'architecte Hector Guimard a inventé ces entrées pour le nouveau système de transport de la capitale. Son style, qu'on appelle «l'art nouveau», utilise le fer et le verre, mais les formes rappellent la nature:

On voit des feuilles ou des insectes. La couleur est toujours le vert. Au début, les Parisiens n'aimaient pas du tout le style de Guimard. Ils détestaient cette couleur verte. Mais aujourd'hui, on ne peut plus imaginer Paris sans ces entrées de métro typiques.

| | |
|---|---|
| Nom: | Porte Dauphine |
| Date de «naissance»: | 1900 |
| «Père»: | Hector Guimard |
| Lieu de «naissance»: | près des Champs-Élysées |
| Signe particulier: | l'art nouveau |
| Couleur: | vert |
| Réaction des Parisiens: | Ils ont d'abord détesté, mais maintenant ils l'aiment |

# VOLET 2

## Lire et comprendre

**1** **a** Choisis Emma, Ibrahim ou Pauline. Prépare cinq questions sur le texte pour ton partenaire qui a choisi une autre personne. (▶ Textes, p. 14–15)

**b** Échangez vos questions et trouvez les réponses dans le texte, p. 14–15.

Où? Qu'est-ce que? Comment? Pourquoi? Quand?

## Vocabulaire

**2** **a** Où est-ce qu'ils vont? Et comment? Forme des phrases. Utilise des prépositions. (▶ Repères, p. 24 / Qu'est-ce qu'on dit?)

1. Elle va à la gare en métro.
2. Il va au travail en RER.
3. Ils vont à l'île de la Cité en bateau.
4. Elle va à Paris en train.
5. Elles vont au supermarché en voiture.
6. Il va au collège en bus.

aller **en** voiture ✓

~~aller avec ma voiture~~

**b** Posez des questions et répondez: Comment vas-tu à l'école / au sport / ___? (▶ Repères, p. 24 / Qu'est-ce qu'on dit?)

J'y vais en ___.

**3** **a** Lis et complète le blog de Charles où il raconte sa journée. Utilise *se coucher, se dépêcher, s'habiller, se lever, s'entraîner, se préparer, se sentir bien* et *ne pas s'ennuyer*. (▶ Verbes, p. 161)

Ma journée commence à cinq heures de l'après-midi. Je prends ma douche et je ___m'habille___. Puis, je prends un café. Quand mon fils rentre de l'école, on joue un peu au foot ensemble dans la cour. Il ___s'entraîne___ pour son match du week-end. Nous mangeons ensemble vers 7 heures et demie. ▶▶▶

À huit heures et demie, je pars. J'arrive à la station Louvre-Rivoli vers 21 heures 30. J'entre dans le musée. Là, je ___me prépare___. J'aime bien mon travail.

Avec mes collègues, nous ___nous sentons bien___ dans le musée quand il n'y a plus personne. La nuit est longue, mais je ___ne m'ennuie pas___: Quand je n'ai rien à faire, je regarde les tableaux.

Après le travail, à 6 heures du matin, je rentre à la maison. Je dois toujours ___me dépêcher___: Je veux être à la maison quand mon fils ___se lève___.

On prend le petit-déjeuner ensemble. Quand mon fils va à l'école, je range la maison et je ___me couche___ à 9 heures.

**b** **Relis le blog. Où est-ce que Charles travaille?** ___Il travaille au musée du Louvre.___

## Regarder et comprendre

DVD **4** Qu'est-ce que vous aimez à Paris? Un journaliste a interviewé les Parisiens. Qui dit quoi? Coche. Attention: il y a quatre phrases en trop.

| À Paris, il/elle/ils ♥ | 1 | 2 | 3 | 4 | 5 | 6 |
|---|---|---|---|---|---|---|
| aller à Notre-Dame. | X | | | | | |
| faire du roller sur la Coulée verte. | X | | | | | |
| le pont des Arts. | | X | | | | |
| regarder les expositions au Louvre. | | | | | | |
| un jardin magnifique. | | | X | | | |
| un quartier très animé. | | | | | | |
| un quartier qui est comme un village. | | | | X | | |
| le quartier de l'université. | | | | | | |
| faire du shopping dans les petites boutiques. | | | | | X | |
| un musée sur Napoléon. | | | | | | |
| une maison avec un mur où tout le monde écrit ou dessine. | | | | | | X |
| manger un gâteau rue du Cherche-midi. | | | | | | X |

## Parler

**5** Imagine: Tu es à Paris avec ton meilleur copain / ta meilleure copine. Vous voulez visiter le centre-ville. Vous allez à l'Office de Tourisme pour avoir des informations. Qui est A et qui est B?

**Partenaire A** (Toi)

Ton copain / Ta copine et toi, vous êtes à Paris un dimanche en avril. Vous avez seulement 25 euros. Vous voulez voir un musée, mais ton ami/e n'aime pas les tableaux. Et le soir, vous voulez monter sur une tour pour voir la ville la nuit. Vous allez à l'Office de Tourisme. Tu commences.

- Bonjour / aider?
- visiter un musée / monter sur une tour
- ne pas aimer / tableaux
- Combien? / coûter
- trop cher / Ça va!
- ouvert / aujourd'hui / jusqu'à quelle heure?
- Merci beaucoup. / Au revoir.

**Partenaire B** (Personne à l'Office de Tourisme)

Tu travailles à l'Office de Tourisme. Regarde les informations, puis réponds aux questions du touriste. **A** commence.

**Le Louvre**

TARIFS | adultes: 12 €, moins de 26 ans: gratuit[1]
HORAIRES | ouvert tous les jours de 9 h à 18 h, fermé le mardi

**L'Exposition jeux vidéo**

TARIFS |
*Jeux vidéo l'EXPO + la Géode et ses films en 3D*
adultes: 21,50 €, moins de 25 ans: 18 €, moins de 6 ans: 9 €
*Jeux vidéo l'EXPO (sans la Géode)*
adultes: 11 €, moins de 25 ans: 9 €, moins de 6 ans: gratuit
HORAIRES | ouvert du mardi au samedi de 10 h à 18 h et le dimanche de 10 h à 19 h, fermé le lundi

**Les tours de Notre-Dame**

TARIFS | adultes: 8,50 €, moins de 26 ans: 5,50 €
HORAIRES | du 1er avril au 30 septembre de 10 h à 18 h 30; du 1er octobre au 31 mars de 10 h à 17 h 30

**La tour Eiffel**

TARIFS | 2ème étage: adultes: 5 €, moins de 26 ans: 3,50 €
HORAIRES | du 15 juin au 1er septembre: ouvert tous les jours de 9 h à minuit; le reste de l'année: ouvert de 9 h 30 à 23 h

1 **gratuit/e** *adj.* kostenlos

## Écrire

**6** Tu es à Paris. Imagine ta journée et raconte-la à l'aide des verbes et des expressions. Écris une carte postale à un ami / une amie français/e au présent.

visiter aller à prendre le métro / le RER faire une balade traverser manger une glace se lever prendre une douche s'habiller se préparer se trouver se dépêcher s'entraîner se sentir s'ennuyer se coucher ___

d'abord puis après le matin l'après-midi le soir

# VOLET 3

## Vocabulaire

**1** **Complète la grille de la tour Eiffel.** (▶ Liste alphabétique, p. 172–174)

1. Quand on est tout en haut, la **1** est magnifique!
2. La **2** de la tour est de 324 mètres.
3. Gustave Eiffel est l'**3** qui a construit la tour Eiffel.
4. Sur la **4** du premier étage, il y a un restaurant, une salle de cinéma et un musée.
5. En mai 1889, c'est le début de l'**5** et le public peut enfin aller sur la tour!
6. Pour la **6** de la tour Eiffel, il a fallu 2 ans: de mars 1887 à mai 1889!
7. On prend les **7** pour monter, c'est plus rigolo à pied!
8. Les **8**s qui ont construit la tour ont fait un travail vraiment très dur.
9. Les pièces métalliques de la tour sont en **9**.

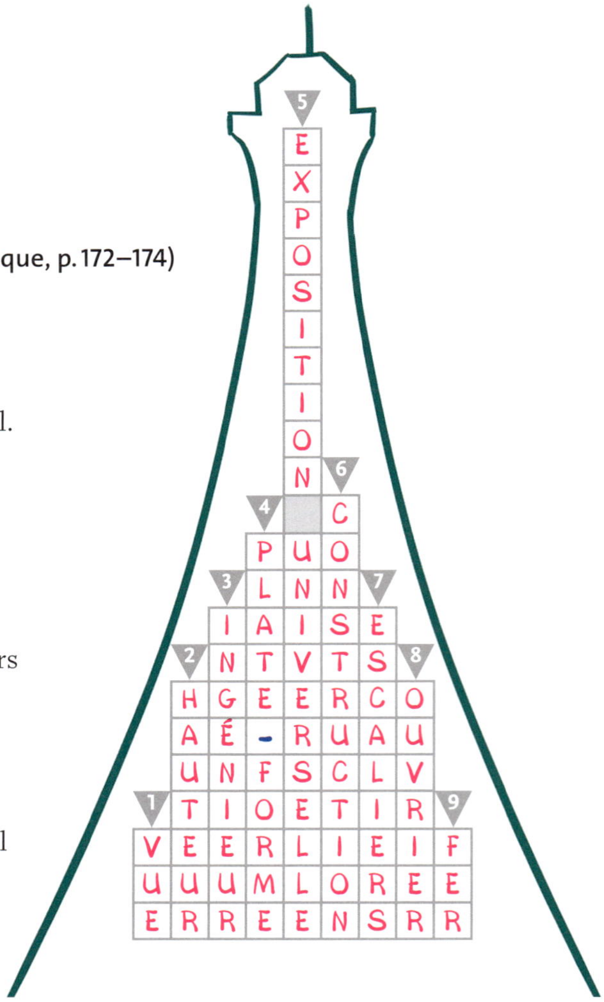

## Lire et comprendre

**2** **Lis le texte et regarde les dessins. Qu'est-ce que tu apprends sur la tour Eiffel? Écris les chiffres.**

**Qui dit Paris dit tour Eiffel**

C'est le monument le plus visité, par 6 millions de touristes chaque année. Elle est haute de 324 mètres (elle a gagné 24 mètres grâce aux 110 antennes installées à son sommet) et constituée de 18 000 pièces métalliques assemblées par 2 500 000 rivets. Elle comporte trois étages: on accède aux deux premiers par trois ascenseurs ou par 1655 marches! Au premier, les visiteurs peuvent aller au restaurant: le Jules-Verne, d'où la vue est exceptionnelle. Quand il y a du vent, elle oscille de 7 centimètres et quand il fait chaud, elle se dilate de 18 centimètres en hauteur. Pour satisfaire les Parisiens qui avaient apprécié les illuminations de l'an 2000, elle scintille maintenant tous les soirs à minuit grâce à 20 000 ampoules. On la repeint tous les 7 ans: 25 alpinistes utilisent 60 tonnes de peinture.

Claude Combet et Thierry Lefèvre «Destination Paris», Actes Sud, 2006

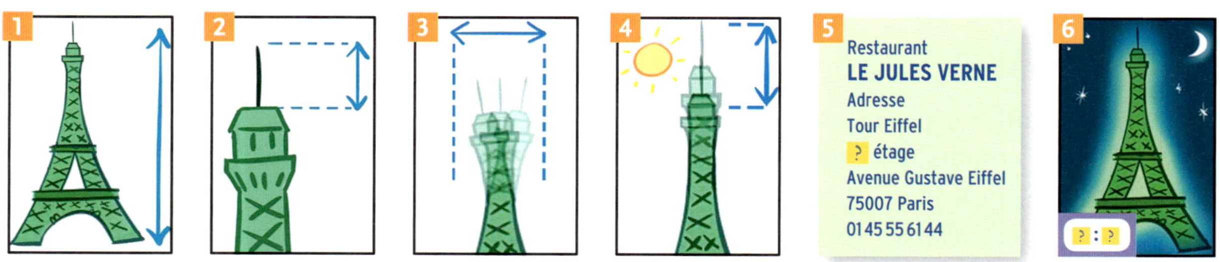


1. 324 mètres
2. 24 mètres
3. 7 centimètres
4. 18 centimètres
5. premier
6. 24:00

## Grammaire

**3** Sarah a été à Paris avec sa classe où ils ont passé un week-end avec un tas de problèmes. Qu'est-ce qu'ils faisaient quand c'est arrivé? Forme sept phrases. Utilise l'imparfait et le passé composé. (▶ Repères, p. 25/3)

1. nous *visiter* Notre-Dame > mon portable *sonner*

   Nous visitions Notre-Dame quand mon portable a sonné.

2. Louise *se dépêcher* pour avoir le métro > elle *perdre* ses clés

   Louise se dépêchait pour avoir le métro quand elle a perdu ses clés.

3. l'acteur Djamel *passer* > ma glace *tomber*

   L'acteur Djamel passait quand ma glace est tombée.

4. on *faire* une photo sur le pont Neuf > Julien *tomber* dans la Seine

   On faisait une photo sur le pont Neuf quand Julien est tombé dans la Seine.

5. Jules et Joséphine *rêver* > le bateau *partir*

   Jules et Joséphine rêvaient quand le bateau est parti.

6. je *traverser* l'avenue des Champs-Élysées > une voiture *arriver*

   Je traversais l'avenue des Champs-Élysées quand une voiture est arrivée.

7. la prof *parler* > David *prendre* Claire dans ses bras

   La prof parlait quand David a pris Claire dans ses bras.

**4 a** Une catastrophe à Paris. Complète ces phrases. Utilise le passé composé ou l'imparfait. (▶ Repères, p. 25/3)

**Le train de Granville**

Le 22 octobre 1895, un train qui ___venait___ *(venir)* de Granville et qui ___allait___ *(aller)* à Paris, ___avait___ *(avoir)* un retard de 10 minutes. Pour le conducteur[1] qui ___voulait___ *(vouloir)* toujours être à l'heure, c'___était___ *(être)* une catastrophe! Alors il ___a voulu___ *(vouloir)* aller plus vite! Quand le train ___est arrivé___ *(arriver)* dans la gare Montparnasse à Paris, il ___allait___ *(aller)* trop vite. Le train ___a traversé___ *(traverser)* le hall de la gare et le mur, puis il ___est tombé___ *(tomber)* sur la place, devant la gare. Quelle catastrophe!

1 **le conducteur** *hier* der Lokführer

▶▶▶

b Est-ce que tu connais d'autres histoires? Écris dans ton cahier.

**5** Complète par *construire* (2x), *suivre* (2x) ou *courir* (2x). (▶ Verbes, p. 158, 160)

Vous connaissez le quartier de la Défense? Pendant la semaine, des gens sortent du métro. Ils se dépêchent toujours et ___courent___ pour être à l'heure à leur bureau. Mais le week-end, le quartier est très calme et très agréable. Mon conseil pour ces gens: ___suivez___ la voie des sculptures[1], un tas de jolies surprises vous y attendent!

Moi, j'habite ici depuis 40 ans. On ___a construit___ *(p. c.)* la première tour, la tour Nobel, en 1966. Aujourd'hui il y a 75 tours! Et on ___construit___ toujours de nouvelles tours! J'aime bien monter sur la Grande Arche. De la plate-forme, je regarde tout ce monde qui ___court___ et je me sens bien! On voit Paris, c'est magnifique! Vous voyez le Louvre? Non? Mais si, il est là. Vous ___suivez___ les Champs-Elysées jusqu'aux Tuileries, c'est facile!

1 **la voie des sculptures** Straße der Skulpturen

## Écouter et comprendre

CD 5 **6** Marine est à Paris. Elle veut aller de la gare de l'Est à la gare de Lyon. Quel métro doit-elle prendre? Écoute et coche le plan qui correspond.

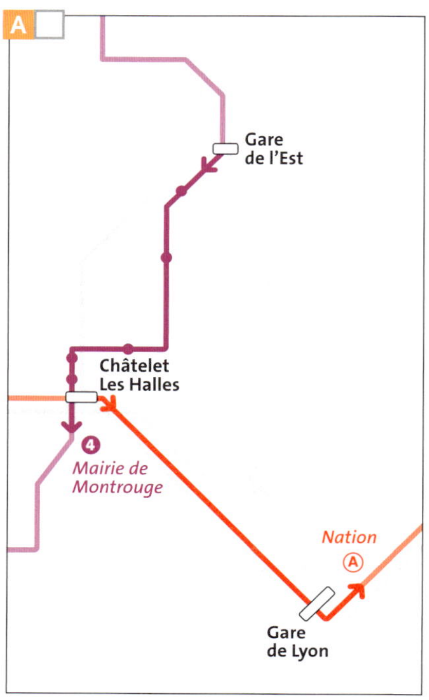


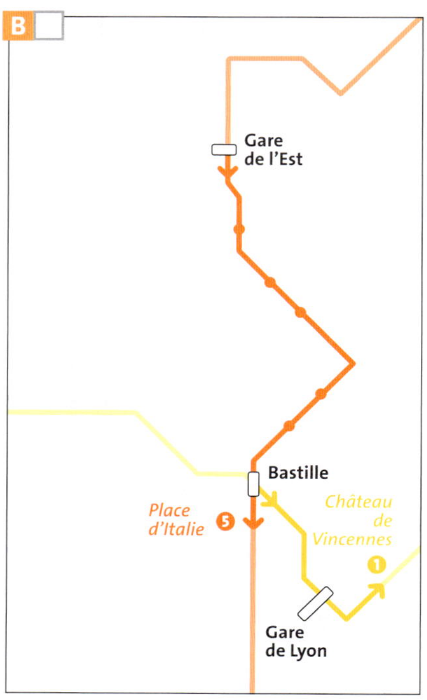


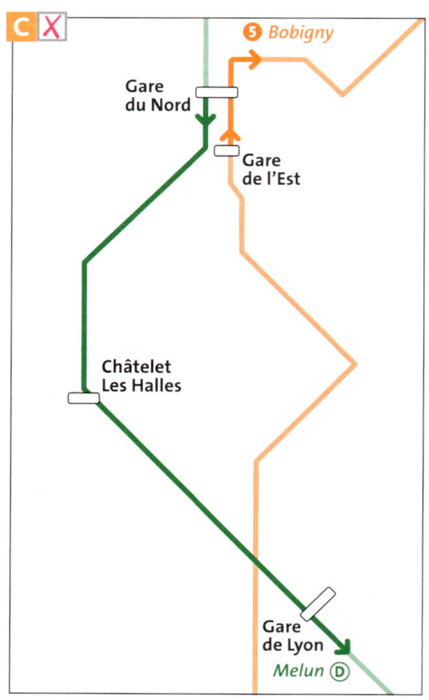

## Médiation

**7** **Ton petit frère qui ne parle pas français est fan de vélo. Il veut savoir pourquoi l'homme monte les escaliers à vélo. Aide-le. Qu'est-ce que tu comprends? Écris dans ton cahier.** **(▶ Méthodes, p. 149/29)**

### Des sportifs fous

La tour Eiffel attire aussi des sportifs qui ont envie de réaliser des exploits! Le cycliste Hugues Richard a battu le record d'ascension de la Tour en VTT le 18 avril 2002: 19 minutes et 4 secondes pour monter les deux premiers étages … par les escaliers! Il y a même eu des alpinistes qui l'ont escaladée, des motards qui ont dévalé ses escaliers et des parachutistes qui ont sauté du 3ème étage!

Astrapi – C'est qui la plus belle?, Bayard, 2009

## Apprendre à apprendre: écrire la fin d'une histoire

**8** **Lis le début de l'histoire et trouve la bonne fin A, B ou C. Souligne les mots qui t'aident à la trouver.** **(▶ Méthodes, p. 147/26)**

### Le fantôme de l'opéra

À Paris, en 1873, il y a un incendie[1] dans une école de musique, rue Pelletier. Ernest, un jeune pianiste, est blessé au visage et la femme qu'il aime meurt[2] dans l'incendie. Ernest est très triste. Alors il se cache[3] sous le théâtre parce que son visage fait peur. Il y habite, il ne sort plus, il ne voit personne, il compose de la musique. À l'opéra, les gens pensent qu'un fantôme y habite. Un jour, le directeur de l'opéra trouve un message: «La loge[4] numéro 5 doit toujours rester libre pour moi! – Le fantôme de l'opéra». Alors, la loge du fantôme reste libre. Mais un jour, une dame riche veut une place dans la loge. Elle donne beaucoup d'argent au directeur de l'opéra qui est d'accord. Le soir, le spectacle commence …

1 **l'incendie** *m.* Brand 2 **elle meurt** sie stirbt 3 **se cacher** sich verstecken 4 **la loge** die (Zuschauer)Loge

**A** La fille est dans la loge. Elle regarde le spectacle. Tout à coup, la porte s'ouvre et le fantôme de l'opéra arrive. C'est un beau jeune homme. Tout de suite, il aime la jeune fille et elle aussi l'aime. Le fantôme épouse la jeune fille et ils ont beaucoup d'enfants.

**B** La dame était dans la loge numéro 5. Elle ne regardait pas le spectacle, elle attendait le fantôme de l'opéra parce qu'elle voulait le photographier avec son portable. Mais le fantôme n'est pas venu. Après le spectacle, la dame est rentrée chez elle, mais sur le chemin, elle a été victime d'une agression. Tout le monde a pensé que c'était le fantôme. Depuis, personne n'a plus essayé de prendre la loge numéro 5.

**C** La dame est dans la loge. Elle regarde le spectacle. Elle a un peu peur: «Est-ce que le fantôme de l'opéra va venir?» Tout à coup, il y a un bruit: c'est la porte. La dame se lève et à ce moment une grande lampe tombe! La dame est blessée. Elle n'a pas vu le fantôme, mais tout le monde pense que c'était lui. Depuis, la loge numéro 5 reste libre.

## 1 Qu'est-ce qu'on dit?

Gustave arrive toujours en retard au collège. Il doit expliquer à sa prof pourquoi. Écris à sa place.

1
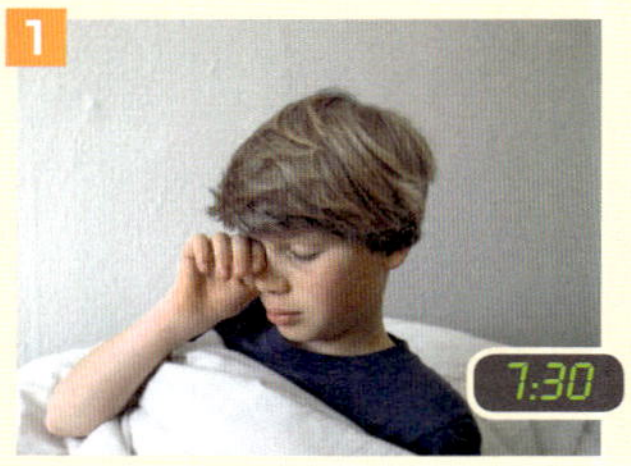


2

3
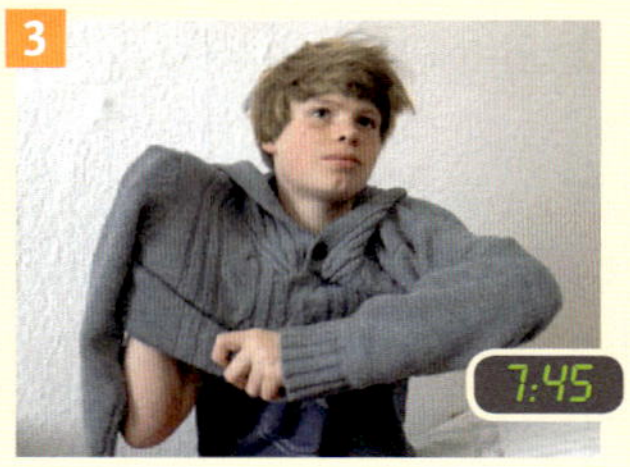


4

## 2 Vocabulaire

CD 6

Écoute les phrases et note les numéros dans les bonnes cases. Attention, il y a deux cases en trop.

## 3 Le pronom *y*

Complète les mini-dialogues. Utilise le pronom *y*. Pense à sa place.

– Vous êtes déjà allés au Louvre?

– Oui, nous ______________________ la Joconde, mais il y avait trop de monde!
*(voir,* passé composé*)*

– Alors on ______________________ aujourd'hui! *(pouvoir retourner)*

– D'accord! Et après, on pourrait aussi aller à Belleville!

– À Belleville? Je ne sais pas ... Qu'est-ce que tu ______________________? *(vouloir visiter)*

– C'est un quartier sympa. On ______________________ des boutiques de tous les styles! *(trouver)*

## 4 L'imparfait

**Monsieur Jeunet a 65 ans. Il a toujours habité à Paris et il parle de son quartier. Complète par les verbes à l'imparfait.**

Quand j'______________ *(être)* petit, nous ______________________ *(habiter)* rue Beaubourg, dans le premier arrondissement. Le quartier des Halles et le Centre Pompidou n'____________________ *(exister)* pas encore, mais le quartier ____________________ *(être)* déjà très animé. Il y ___________________ *(avoir)* des vendeurs à tous les coins de rue qui vous ___________________________ *(vendre)* tout ce que vous ______________________ *(vouloir)*. On ______________________ *(pouvoir)* y acheter des fruits et des légumes.

## 5 L'imparfait et le passé composé

**Lis cet article et complète-le par les verbes à l'imparfait ou au passé composé.**

C'____________________ *(être)* une belle journée de printemps. Des ouvriers de la ville de Paris ____________________ *(travailler)* sous le pont Neuf. Tout à coup, ils ___________________ *(voir)* quelque chose qui _________________ *(bouger)* dans un coin. Ils _________________ *(regarder)* et ils ____________________ *(découvrir)* un animal. C'____________________ *(être)* un crocodile d'un mètre de long qui les __________________ *(attendre)* là! Ils ____________________ *(avoir)* très peur! Mais heureusement, l'animal ____________________ *(ne pas agresser)* les hommes. Les ouvriers ____________________ *(appeler)* le zoo.

## 6 Les verbes

**Qu'est-ce qu'on peut faire pendant les vacances? Complète les phrases par** *suivre, courir* **ou** *construire*.

1

Moi, je ____________________!

2

Elle ____________________ ses chiens!

3

Ils _______________________ un château.

Solutions, p. 75

# Le français en classe

**1 a** Note les mots et les expressions qui vont avec le mot «chanson». Complète ta liste par d'autres mots que tu connais déjà. (▶ Méthodes, p. 138/9)

**Parler d'une chanson**

le titre, les paroles, le refrain, la mélodie, le rythme, le message ______ d'une chanson

**Parler de la musique / des CD**

télécharger, écouter, passer ______ un CD/ une chanson

**Parler de ce qu'on préfère**

mon/ma chanteur/chanteuse, chanson, groupe ______ préféré/e

**Parler de différents styles de musique**

le reggae, le rap, le rock, le R'n'B ______

**Expressions avec** *jouer*

jouer des percussions, de la guitare, de la flûte, du piano ______

**Expressions avec** *aimer*

aimer la mélodie, une chanson, la voix d'un chanteur / d'une chanteuse ______

**Expressions avec** *avoir*

avoir une belle voix, une belle mélodie ______

**b** Compare tes résultats avec ton/ta partenaire et complétez si nécessaire.

CD 7

**2 a** Écoute la chanson «Tourner la page» de Zaho et lis la fiche. Puis écris un texte pour présenter la chanson. Utilise des mots et expressions de 1a. Écris dans ton cahier.

**Nom:** Zaho
**Chanson:** Tourner la page
**Album:** Contagieuse
**Style:** R'n'B

CD 8

**b** Écoute la présentation de Benjamin et réponds aux questions.

1. Est-ce qu'il a aimé la chanson? Note ses arguments. Il aime les paroles et la mélodie. Il trouve que Zaho a une belle voix.
2. Et toi? Donne ton avis sur la chanson. J'aime bien le titre «Tourner la page». C'est un message important.

**3** Anton présente sa chanson préférée. Il a préparé sa présentation. Complète ce qu'il dit.

à la fin   c'est un message important   d'abord   donner votre avis
ensuite   il s'agit de   j'ai choisi   j'ai noté   je vais vous parler
je vais vous présenter   Merci de votre attention!   On peut commencer?

Bonjour! On peut commencer? ... Super! Aujourd'hui, je vais vous présenter ma chanson préférée du moment. Il s'agit de la chanson *Juste une photo de toi* de M. Pokora. J'ai noté les mots inconnus au tableau. D'abord, je vais vous parler du chanteur. Ensuite, je vais vous expliquer pourquoi j'aime cette chanson. À la fin, vous pourrez poser des questions et me donner votre avis sur la présentation. ...

... Le chanteur dit qu'on ne doit pas jouer avec l'amour, et pour moi, c'est un message important parce que ça touche tout le monde. Voilà pourquoi j'ai choisi cette chanson. Merci de votre attention!

CD 9 **4** Après la présentation d'Anton, les élèves discutent. Écoute et note les conseils de ses camarades de classe.

1. Organise bien tes idées. / Tu dois bien organiser tes idées.
2. Parle plus fort. / Tu dois parler plus fort.
3. Regarde les gens quand tu parles. / Tu dois regarder les gens quand tu parles.

**5 a** Souligne les verbes qui se conjuguent comme *choisir* et *réfléchir*. (▶ Verbes, p. 157)

applaudir   agir   dormir   finir   offrir   ouvrir   partir   prévenir   réagir   réussir   sortir   tenir

**b** Les élèves cherchent des chansons pour leurs présentations. Complète les phrases.

1. Vous choisissez quelle chanson? Réfléchissez un moment!
(choisir *présent*, réfléchir *impératif*)
2. Quelle chanson est-ce que je vais choisir? Je dois réfléchir un moment. (choisir *futur composé*, réfléchir *infinitif*)
3. J'ai réfléchi: je choisis la nouvelle chanson de Zaho.
(réfléchir *passé composé*, choisir *présent*)

# Tu es en forme pour l'unité 2? facultatif

Vorbereitung auf:

Volet 1 Wortfeld Freundschaft

**1 a** Les amis, c'est important. À ton avis, quels mots ne vont pas avec le monde des amis et des copains? Raye-les.

accepter qn aider qn ~~crier~~ aimer bien qn rigoler avec qn comprendre qn inviter qn consoler qn écouter qn ~~menacer qn~~ ~~faire mal à qn~~ compter sur qn ~~frapper qn~~ passer des moments super avec qn s'amuser avec qn confier ses problèmes à qn ~~seul/e~~ formidable ~~terrible~~ ~~violent/e~~ beau/belle joli/e heureux/heureuse fantastique génial/e

**b** Qu'est-ce que tu fais avec tes amis? Qu'est-ce que tes amis ne font pas avec toi? Écris au moins six phrases avec des mots de **a** dans ton cahier.

Volet 1 Adverbien auf *-ment*

**2 a** Complète le tableau des adjectifs.

| forme masculine | forme féminine | forme masculine | forme féminine |
|---|---|---|---|
| autre | autre | malheureux | malheureuse |
| calme | calme | ouvert | ouverte |
| courageux | courageuse | pratique | pratique |
| dangereux | dangereuse | rapide | rapide |
| facile | facile | seul | seule |
| furieux | furieuse | terrible | terrible |
| heureux | heureuse | tranquille | tranquille |

**b** Complète les phrases par ces adjectifs. Pense à l'accord des adjectifs!

autre calme courageux dangereux malheureux seul tranquille

1. Cette fille est ___courageuse___ parce qu'elle a aidé un élève en danger.
2. Mon copain est génial. Il reste toujours ___calme___, même dans les situations ___dangereuses___.
3. Tu peux venir chez moi samedi ou un ___autre___ jour.
4. Les filles de ma classe sont ___tranquilles___, elles ne parlent pas beaucoup.
5. Le fils de mes voisins est ___malheureux___ parce qu'il n'a pas beaucoup d'amis. Il est toujours ___seul___.

Volet 3
Pronomen
*ce qui*
und *ce que*

**3** **Laura et sa copine discutent du collège. Complète par les pronoms relatifs *qui* ou *que*.**

1. Je déteste les gens _qui_ agressent les petits.

2. Et moi, je n'aime pas trop les élèves _qui_ parlent pour ne rien dire.

3. Il y a un tas de choses _que_ je ne comprends pas!

4. Il y a peut-être des choses _que_ je peux t'expliquer.

5. Dans ma classe, il y a des garçons _que_ j'aime bien mais d'autres _que_ je n'aime pas trop …

6. Ben moi, dans ma classe, il y a un garçon _qui_ m'intéresse et _que_ j'intéresse!

7. J'adore les profs _qui_ ne crient pas.

8. Oui, et aussi les profs _qui_ comprennent nos problèmes!

9. L'allemand et l'anglais sont des matières _que_ j'adore!

10. Le jeudi, c'est la journée _que_ je préfère, parce que j'ai deux heures de maths.

Volet 3
Meinung äußern, Stellung beziehen

**4** **a** **Mario se présente. Qu'est-ce qu'il dit? Complète. Il y a plusieurs possibilités.**

(ne pas) aimer (bien/beaucoup) qn  adorer qn
détester qn  trouver ça + *adj.*  intéresser qn
Ça (ne) me plaît (pas).

| aimer<br>adorer<br>détester | + (le/la/les) |
|---|---|

Bonjour tout le monde! Moi, c'est Mario. J'ai 13 ans et demi. Je suis au collège.

_J'aime_ mon collège. _J'aime bien_ mes profs, _j'aime beaucoup_ l'infirmière et _j'adore_ le CPE!

Ma matière préférée, c'est l'allemand. Les maths et la physique _m'intéressent_ aussi beaucoup. _J'adore la_ musique, mais _je déteste les_ cours de musique au collège. On doit chanter et _ça ne me plaît pas_.

_Je trouve ça_ nul. En plus, je n'ai pas une belle voix.

**b** **À toi! Présente-toi! Utilise les verbes et les expressions de a. Écris dans ton cahier.**

# Unité 2 Vivre ensemble

## VOLET 1

### Lire et comprendre

**1** **Vrai ou faux? Relis le texte dans ton livre et coche la bonne case. Puis corrige si nécessaire.** (▶ Texte, p. 32)

| | vrai | faux |
|---|---|---|
| 1. Salma ne dit pas tout à Nino parce qu'il est plutôt bavard. | ☐ | ☒ |
| 2. Arthur est seul et malheureux parce qu'on se moque de lui à l'école. | ☐ | ☒ |
| 3. Pour Mathis, l'amitié demande des efforts: il faut être là quand ça ne va pas. | ☒ | ☐ |
| 4. Dahlia ne passe plus tout son temps avec Marion parce qu'elle aime se sentir libre. | ☒ | ☐ |

1. Salma confie ses secrets à Nino parce qu'elle a confiance en lui.

2. Arthur a une meilleure amie, Leïla.

### Vocabulaire et expression

**2** **a** **Qu'est-ce qui va ensemble? Relie. Parfois il y a plusieurs possibilités.** (▶ Liste des mots, p. 176–177)

| | | | |
|---|---|---|---|
| parler | 1 | a | dans les mauvais moments |
| confier | 2 | b | un effort |
| donner une preuve | 3 | c | ses amis |
| faire | 4 | d | ses problèmes à qn |
| prendre | 5 | e | des autres |
| être là | 6 | f | d'amitié |
| décevoir | 7 | g | la défense de qn |
| se moquer | 8 | h | sérieusement |
| | | i | ses distances |

1 → e, f, h
2 → d
3 → f
4 → b
5 → g, i
6 → a
7 → c
8 → e

**b** **L'ami idéal, c'est quoi pour toi? Écris quatre phrases dans ton cahier. Utilise les expressions de a.**

### Grammaire

**3** **Qu'est-ce que ces jeunes disent? Complète les phrases par les formes du verbe *décevoir* au présent ou au passé composé.** (▶ Verbes, p. 158)

1. Quoi?! Vous n'aimez pas cette musique?
Vous me __décevez__ !

2. Tu ne fais pas assez d'efforts pour moi.
Tu me __déçois__ !

3. «Un ami ne te déçoit pas. Il ne doit jamais te décevoir.»

4. Théo a terriblement déçu sa copine. Elle ne veut plus le voir.

4 Complète les phrases suivantes par les adjectifs *libre, rapide, facile, courageux* et leurs adverbes. Pense à l'accord des adjectifs! (▶ Repères, p. 44/1)

1. Tim est courageux. Il a courageusement pris ma défense.
2. Cet exercice est facile. J'ai répondu facilement aux questions.
3. Avec mes copains, je me sens libre. Je peux parler librement avec eux.
4. Les enfants sont déjà là, ils sont rapides! Ils courent très rapidement!

5 Complète les phrases suivantes par un adjectif ou un adverbe. Pense à l'accord de l'adjectif! (▶ Repères, p. 44/1)

bon *(2x)* calme dangereux furieux grave malheureux seul vrai *(2x)*

1. Harceler les autres, c'est grave et dangereux.
2. Est-ce que tu connais bien tes copains?
3. Tu es vraiment super, tu sais!
4. Qu'est-ce qu'un vrai ami pour toi?
5. Pourquoi est-ce que Marie est furieuse contre moi? Qu'est-ce que je lui ai fait?
6. Viens ici, s'il te plaît. On va parler calmement.
7. Thibaud m'énerve parce qu'il pense seulement à lui et à ses problèmes!
8. David aime bien son collège, mais malheureusement, son meilleur copain va dans un autre collège.
9. J'ai passé le week-end chez ma copine et on a passé des bons moments ensemble!

# VOLET 2

## Vocabulaire et expression

**1** **Relis le texte, p. 35, et fais les mots-croisés.**

**1** Dans le film «Intouchables» on apprend que Philippe a eu un ? de parapente.
**2** Philippe et Driss doivent ? ensemble.
**3** Qu'est-ce que tu veux regarder? Je te laisse ? le film.
**4** Ce film est très drôle, il va te ? .
**5** Driss a été en ? avant de travailler chez Philippe.
**6** Philippe aime la musique classique, alors il va souvent à l' ? .
**7** Je n'aime pas les histoires ? ,
**8** mais j'aime les histoires ? .
**9** Je voudrais ? comment tu as trouvé le film.
**10** Philippe ne peut pas marcher. Il est ? .
**11** Driss dit que Philippe n'est pas malheureux et qu'il ne faut pas ? de lui.

| | |
|---|---|
| 1 | ACCIDENT |
| 2 | VIVRE |
| 3 | CHOISIR |
| 4 | PLAIRE |
| 5 | PRISON |
| 6 | OPÉRA |
| 7 | RÉALISTES |
| 8 | TOUCHANTES |
| 9 | SAVOIR |
| 10 | HANDICAPÉ |
| 11 (vertical) | A V O I R P I T I É |

**2** **Retrouve dans le texte, p. 35, comment on dit cela. Indique aussi la ligne.**

1. Man lacht vom Anfang bis zum Ende. — On rit du début à la fin. (l. 9)
2. Dieser Film tut gut. — Ce film fait du bien. (l. 10)
3. Es gibt viele originelle Szenen. — Il y a un tas de scènes originales. (l. 11)
4. Die Schauspieler gefallen mir sehr. — Les acteurs me plaisent beaucoup. (l. 12–13)
5. Diese Geschichte ist wahr. — Cette histoire est vraie. (l. 28)
6. Es gibt viele Klischees in diesem Film. — Il y a un tas de clichés dans ce film. (l. 34–35)

**3** **Relis le texte, p. 35, et note le vocabulaire du film: Fais un associogramme dans ton cahier.**

**4** **a** **Relie pour retrouver les phrases.** (▶Verbes, p. 161)

Martin chante et il apprend **1**
Ma famille rêve **2**
Ma sœur m'aide toujours **3**
Mes copains n'ont pas arrêté **4**
Ma copine et moi, on rêve **5**
Ne t'énerve pas et arrête **6**

**a** de faire le tour du monde en bateau.
**b** de passer des vacances sans nos parents!
**c** de crier comme ça!
**d** à jouer de la guitare.
**e** à préparer mes interros de maths.
**f** de discuter pendant tout le film!

(1–d, 2–a, 3–e, 4–f, 5–b, 6–c)

**b** À toi. Prépare quatre phrases comme en **a** pour ton/ta partenaire. Écris-les dans ton cahier. (▶Verbes, p. 161)

## Grammaire

**5 a** Fais une fiche de conjugaison pour les verbes *plaire, rire, savoir* et *vivre*. Note tous les temps que tu connais. N'oublie pas d'écrire une phrase d'exemple par fiche. Complète ces fiches pendant l'année! (▶ Verbes, p. 159–160; Die Vorlage findest du im Förderheft und auf der CD-ROM.)

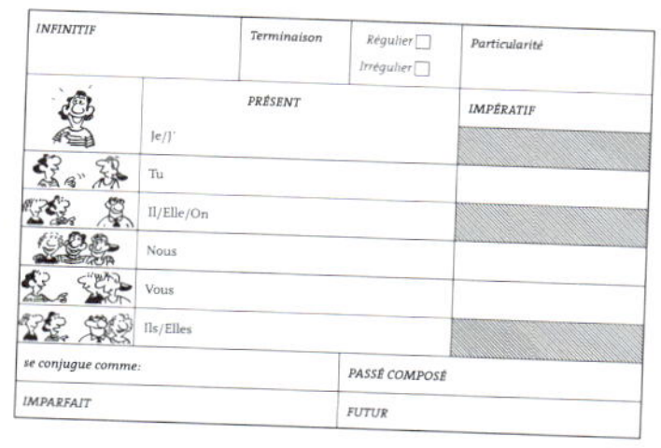


**b** Qui est Omar Sy? Complète le texte suivant par les formes des verbes *plaire, rire, savoir* ou *vivre*. Utilise le présent et le passé composé.

Omar Sy est un acteur et humoriste français. Il est né près de Paris. Ses parents, qui viennent tous les deux d'Afrique, ____vivent____ en France depuis longtemps. Omar Sy ____a vécu____ en France jusqu'en 2012. Mais beaucoup de gens ne ____savent____ pas qu'il ____vit____ maintenant à Hollywood.

Omar Sy aime beaucoup ____rire____ dans la vie et dans son travail. Il ____rit____ tout le temps et cela ____plaît____ beaucoup à son public¹. Ses sketches aussi ____plaisent____ beaucoup.

Est-ce que vous ____savez____ que des millions de personnes ont vu «Intouchables»? Quand ce film est sorti, il ____a plu____ à beaucoup de gens. Ils ____ont ri____ du début à la fin! Est-ce que tu ____sais____ si son film «De l'autre côté du périph» a eu du succès²?

1 **le public** das Publikum 2 **avoir du succès** Erfolg haben

**6 a** Relie d'abord ce qui va ensemble. Parfois il y a plusieurs possibilités. (▶ Repères, p. 45/2)

**b** Écris des phrases avec les expressions de **a**.

| | | | | |
|---|---|---|---|---|
| un endroit | 1 | a | originales | 1 → d, e |
| une fille | 2 | b | originaux | 2 → c, g |
| une journée | 3 | c | normale | 3 → c, g |
| des idées | 4 | d | idéal | 4 → a |
| des vêtements | 5 | e | génial | 5 → b |
| un acteur | 6 | f | exagéré | 6 → d, e |
| un film | 7 | g | géniale | 7 → d, e, f |

**7 a** Marie parle de son collège. Complète les phrases suivantes par une forme de *lequel*. (▶ Repères, p. 45/3)

1. Le collège, dans ____lequel____ je suis, compte 400 élèves.
2. Madame Lagarde est une prof avec ____laquelle____ on peut parler de nos problèmes.
3. Liane et Sophie sont les filles avec ____lesquelles____ j'aime faire mes devoirs.
4. Les cours pendant ____lesquels____ je m'éclate sont les cours d'allemand et d'anglais!

**b Complète ce que dit Marie par une préposition et une forme de *lequel*.**

avec dans pendant
pour sans sur

1. Lucie est une fille ___sur laquelle___ on peut compter.
2. Paul, c'est le garçon ___avec lequel___ je prends le bus.
3. Mon casque est un objet ___sans lequel___ je ne vais jamais au collège.
4. Le français et les maths sont des matières ___pour lesquelles___ on doit beaucoup travailler.
5. Il y a un cours ___pendant lequel___ je ne m'ennuie jamais: les SVT!
6. Là, c'est la salle ___dans laquelle___ on fait du théâtre.

**c Parle de toi. Prends les phrases de b comme modèle et écris dans ton cahier.**

## Apprendre à apprendre / Écrire

**8 a En cours de français, tu dois présenter le film «De l'autre côté du périph'». Trouve comment on dit ces mots en français. Utilise un dictionnaire. (▶ Méthodes, p. 137/5)**

Eines Morgens wird in Bobigny, einem Pariser Vorort, eine tote Frau gefunden. Es ist die Leiche von Jean-Éric Chalignys Ehefrau, einem der mächtigsten Wirtschaftsbosse in Frankreich. Zwei Polizisten, die aus gegensätzlichen Welten kommen, beginnen die Ermittlungen: Ousmane Diakité, Polizist in Bobigny, und der Pariser Kommissar François Monge. Trotz ihrer unterschiedlichen Methoden lösen sie den Fall gemeinsam.

| | |
|---|---|
| die Leiche | le corps |
| mächtig | puissant/e |
| der Arbeitgeber | le patron / la patronne, l'employeur *m.* |
| gegensätzlich | opposé/e |
| die Ermittlung | l'enquête *f.* |
| der Kommissar | le commissaire |
| unterschiedlich | différent/e |
| die Methode | la méthode |
| der Fall | l'affaire *f.* |

**b De quoi parle ce film? Écris le texte pour ta présentation en français dans ton cahier. Donne aussi ton avis.**

## Écouter et comprendre

CD 10 **9** Un journaliste interviewe des gens à la sortie du cinéma. Ils ont vu «De l'autre côté du périph'» avec Omar Sy (▶ exercice 8). Écoute, puis coche la bonne case. Tu peux écouter l'interview plusieurs fois.

| | ♥ | ♥ (barré) | parce que / parce qu' |
|---|---|---|---|
| Jeune homme 1 | X | | Il y a beaucoup d'humour et des bons dialogues. Omar Sy joue bien son rôle. |
| Jeune fille 1 | | X | C'est un mauvais film. Il n'est pas réaliste. |
| Jeune homme 2 | | X | Le film n'est pas drôle. L'autre policier joue mal. |
| Jeune fille 2 | X | | Le film est intéressant. Les personnages sont différents, mais aussi forts. |

## Parler

**10** a Imagine: Tu es en France chez ton/ta correspondant/e. Vous voulez regarder un DVD. Qui est A et qui est B?

| **Partenaire A** (Ton/Ta correspondant/e) | **Partenaire B** (Toi) |
|---|---|
| – schlägt **B** vor, «*Intouchables*» oder «*De l'autre côté du périph'*» zu sehen. | – sagt, dass er/sie bereits «*De l'autre côté du périph'*» kennt. Sagt **A**, dass er/sie den Film nicht gemocht hat und es übertriebene Szenen gibt. Er/Sie sagt, dass er/sie «*Intouchables*» noch nicht kennt und fragt, ob der Film gut ist. |
| – erzählt **B**, dass der Film toll ist und fasst den Inhalt des Films kurz zusammen. | – sagt, dass die Geschichte nicht sehr realistisch klingt. |
| – bestätigt **B**s Befürchtungen, aber er/sie sagt, dass der Film sehr lustig ist und erklärt, dass der Film gut tut und dass man vom Anfang bis zum Ende lacht. Er/sie fügt hinzu, wie die Schauspieler spielen. | – fragt, wer die Schauspieler sind. |
| – beantwortet die Frage und sagt, welche Rolle sie spielen. | – sagt, dass er/sie Omar Sy gerne mag und sehr lustig findet. Er/sie möchte den Film sehen. |

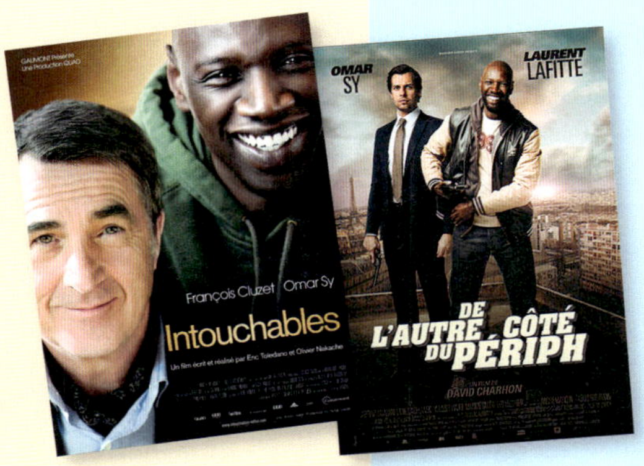


b Échangez les rôles.

# VOLET 3

## Vocabulaire et expression

**1** **Trouve les mots ou expressions qui correspondent aux explications. Écris les noms avec l'article défini. (▶ Liste des mots, p. 179–181)**

1. C'est le contraire de «la vie». ______ la mort ______
2. C'est un nom de la même famille que le verbe «pouvoir». ______ le pouvoir ______
3. Quand on voit quelque chose pour la première fois, on le ______ découvre ______.
4. C'est un nom de la même famille que le verbe «aimer». ______ l'aimer ______
5. C'est l'adjectif de la même famille que le verbe «aimer». ______ amoureux/amoureuse ______
6. Une autre expression pour «alors» dans la phrase: J'aime les romans d'aventure, alors, j'ai lu ce livre. ______ c'est pourquoi ______
7. Quand quelqu'un a beaucoup changé, on ne le ______ reconnaît ______ peut-être pas.
8. C'est le contraire de «malheureusement». ______ heureusement ______
9. C'est un nom de la même famille que «journal». ______ le/la journaliste ______
10. C'est un nom de la même famille que le verbe «garder». ______ le gardien ______
11. C'est un nom de la même famille que le verbe «rêver». ______ le rêve ______
12. On console ses copains quand ils sont ______ tristes ______.

## Écouter et comprendre

CD 11

**2** **Anna présente son livre préféré. Écoute et coche le bon dessin.**

1 X

2 ☐

## Lire et comprendre / Écrire

**3** **a** **Relis les résumés, p. 38–39. Sous quels thèmes est-ce qu'on peut classer les livres? Justifie ton choix comme dans l'exemple. Écris dans ton cahier.**

**Exemple:** Le roman «La plus belle fille du monde» parle de plusieurs thèmes. Il parle du thème de l'école. Une nouvelle élève arrive dans la classe de Sandra, la narratrice. Il parle aussi du thème de …

l'amitié   l'amour   l'école
la prison   le sport
les pouvoirs surnaturels
les relations dans la famille
la mort   la violence   ___

**b** **Compare ta réponse avec ton/ta partenaire. Complétez si nécessaire.**

## Grammaire

**4 a** Le samedi après-midi, il y a du monde à la librairie! Complète les phrases par *ce qui* ou *ce que/qu'*. (▶ Repères, p. 45/4)

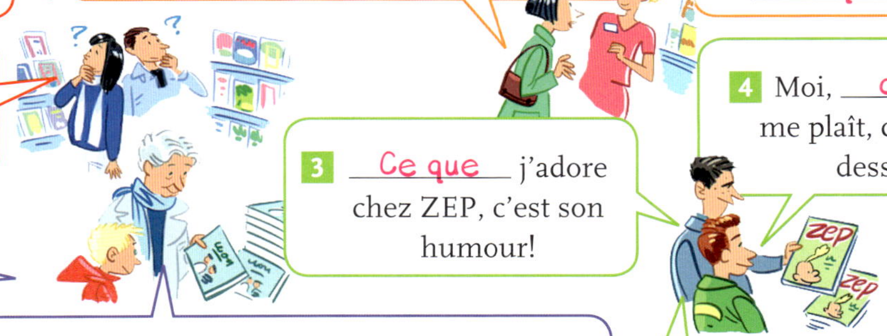

1 Tu sais __ce que__ Clara aime?

2 Non, je ne sais pas trop __ce qui__ lui plaît …

3 __Ce que__ j'adore chez ZEP, c'est son humour!

4 Moi, __ce qui__ me plaît, ce sont les dessins!

5 Moi aussi, c'est __ce que__ je préfère!

6 Je cherche un livre pour ma fille. Je ne sais pas trop __ce qu'__ elle lit …

7 Mais vous savez peut-être __ce qui__ l'intéresse?

8 Mamie, je peux prendre __ce que__ je veux?

9 Oui, mais pas un manga. Moi, __ce qui__ me dérange dans ces bédés, ce sont les dessins!

**b** Tu veux acheter un livre pour un ami / une amie. Comment est-ce que tu dis cela en français? Utilise *ce qui* ou *ce que/qu'*. Écris dans ton cahier.

1. Ich weiß nicht, was ihr gefällt.
2. Ich weiß nicht, was sie gerne liest.
3. Ich weiß nicht, was ich kaufen soll.
4. Soll ich sie fragen, was sie will?

## Écrire

**5** Tu es en France et tu voudrais offrir un livre à un ami / une amie. Tu vas dans une librairie. Le/La libraire te conseille un roman. Imagine le dialogue et écris-le dans ton cahier.

## Apprendre à apprendre / Médiation

**6 a** Un ami français est chez toi. Le roman «Tschick» l'intéresse. Lis ce résumé.

Der 14-jährige Maik lebt mit seinen Eltern in einer Villa mit Pool im Osten Berlins. Seine Familie ist zwar wohlhabend, aber auch völlig zerrüttet: Seine Mutter ist in der Entzugsklinik und sein Vater ist mit seiner Assistentin auf Geschäftsreise. Auch in der Schule läuft es nicht viel besser: In seiner Klasse ist er ein Außenseiter, da er als zu langweilig gilt. Da verwundert es nicht, dass er nicht zum Geburtstag der schönen Tatjana eingeladen wird, in die er heimlich verliebt ist. Lediglich der neue Mitschüler Tschick, ein verschlossener russischer Aussiedler, der auch schon mal betrunken in die Schule geht, interessiert sich für ihn.
Maik stehen einsame und langweilige Sommerferien bevor. Doch dann steht Tschick mit einem gestohlenen Auto vor der Tür. Die zwei ungleichen Jungen beschließen Tschicks Großvater in der Walachei zu besuchen und beginnen eine abenteuerliche Reise durch die deutsche Provinz …

**b** Comment est-ce que tu expliques ces mots en français? Utilise les expressions. (▶ Méthodes, p. 149/30)

une personne/___ qui   un endroit où   c'est quand on   c'est un peu comme

1. eine zerrüttete Familie — Une famille qui est malheureuse.
2. ein Außenseiter — Une personne qui n'a pas beaucoup d'amis.
3. die Klinik — Un endroit où vont des personnes malades.
4. eine Geschäftsreise — C'est quand on doit voyager pour travailler.
5. eine abenteuerliche Reise — C'est un peu comme une aventure.
6. die deutsche Provinz — C'est un peu comme la campagne en Allemagne.

**c** Lis le texte sur «Tschick» encore une fois. Quels autres phrases ou mots sont aussi importants? Note-les et explique-les comme en **b**.

heimlich: C'est quand on fait quelque chose et qu'on ne le dit pas aux autres.

verschlossen: Une personne qui ne confie pas ses problèmes aux autres.

______________________________

**d** Maintenant, explique les points importants en français (p. 31). Prends des notes. Utilise tes phrases de **b** et de **c**. (▶ Méthodes, p. 149/29)

## Regarder et comprendre / Écrire

DVD **7** **a** Regarde la séquence et coche les bonnes réponses. Corrige les phrases qui sont fausses dans ton cahier.

- A 1. Xavier fait une interview pour l'école sur la lecture parce qu'il adore lire. [ ]
- B 2. La dame achète un roman sur le conseil de son libraire. [X]
- C 3. Le monsieur lit quand il a un moment, un peu partout. [X]
- C 4. Il adore lire parce que quand on lit, on ne pense pas. [ ]
- D 5. Le garçon aime lire les mangas «Dragon Ball». [X]
- D 6. Il a acheté trois livres de «Dragon Ball» pour les lire le soir, dans son lit. [ ]
- D 7. Il emprunte ses livres à la bibliothèque, parce qu'il y a toujours ce qu'il aime. [ ]
- E 8. La dame lit toujours dans le métro quand elle va au travail. [X]
- E 9. Pour elle, cette activité n'est pas très importante. [ ]
- E 10. Ses lectures préférées sont les romans. [X]
- A 11. La libraire pense que Xavier aime lire et elle lui propose un roman d'aventure. [ ]

**b** Et toi, quand et où est-ce que tu aimes lire? Pourquoi est-ce que tu (n') aimes (pas) lire? Écris la question et ta réponse dans ton cahier.

## 1 Qu'est-ce qu'on dit?

**Raye les phrases qui sont fausses.**

1. **a** Avec mes amis, on éclate. **b** Avec mes amis, on s'éclate.
2. **a** C'est une preuve d'amis. **b** C'est une preuve d'amitié.
3. **a** J'ai pris mes distances. **b** J'ai mis mes distances.
4. **a** Ce film fait du bien. **b** Ce film fait bien.
5. **a** On rit au début et de la fin. **b** On rit du début à la fin.
6. **a** Cette scène exagère. **b** Cette scène est exagérée.
7. **a** J'ai lu ce livre en une fois. **b** J'ai lu ce livre à la fois.
8. **a** Il y a de la suspense. **b** Il y a du suspense.

## 2 Vocabulaire

**Complète le tableau à l'aide des expressions. Certains mots vont dans plusieurs colonnes.**

le narrateur/la narratrice la confiance drôle s'éclater parler sérieusement
l'auteur/e ne pas décevoir qn réaliste aider qn prendre la défense de qn
les acteurs l'histoire la scène le roman (d'amour, de fantasy ...) le thème
ennuyeux/ennuyeuse l'acteur/l'actrice les personnages principaux

| l'amitié | un film | un livre |
|---|---|---|
| ______ | ______ | ______ |
| ______ | ______ | ______ |
| ______ | ______ | ______ |
| ______ | ______ | ______ |
| ______ | ______ | ______ |
| ______ | ______ | ______ |

## 3 Les adverbes en *-ment*

**Forme les adverbes des adjectifs suivants. Ensuite, complète les phrases par un adjectif ou un adverbe.**

autre facile
heureux
ouvert
triste vrai

1. Alors, vous avez trouvé ______________________ le chemin?
2. Ce livre parle d'une famille ______________________.
3. Il faut dire ______________________ ce que tu penses.
4. Tu veux bien chanter une ______________________ chanson?
5. Arrêtez! Vous êtes ______________________ pénibles!
6. Lucas a regardé ______________________ son amie qui partait.

Solutions, p. 76

## 4 Les adjectifs en *-al*

**Comment est-ce que tu dis cela en français?**

1. die Hauptfigur ______________________________
2. ein normales Leben ______________________________
3. geniale Freunde ______________________________
4. ideale Ferien ______________________________

## 5 Le pronom relatif *lequel*

**Complète les phrases suivantes par une préposition** + *lequel/ lesquels/ laquelle/ lesquelles*.

1. Qui est cette fille ______________________ Saïd parle?
2. Ce sont les deux villages ______________________ vivent beaucoup de jeunes.
3. J'aime les gens ______________________ on peut compter!
4. C'est un film ______________________ on s'ennuie terriblement!
5. Chloé et Mario sont des amis ______________________ je ne fais rien!

## 6 Les propositions relatives avec *ce qui* et *ce que*

**Complète les phrases suivantes.**

1. Tu es triste à cause de __________ je t'ai dit?
2. C'est super cool ici! Je peux faire __________ me plaît.
3. Je ne comprends pas __________ les dérange.
4. Et tu sais __________ cet idiot m'a répondu?!

## 7 Les verbes

**Complète le texte par des formes des verbes suivants au présent, au passé composé ou à l'imparfait.**

rire *(2x)*
plaire *(2x)*
vivre *(2x)*
savoir
décevoir

1. Autrefois, je ______________ à Marseille, maintenant, je ______________ à Paris.
2. – Alors, le film vous ______________, hier soir?

   – Oui! Les films de Dany Boon nous ______________ toujours!
3. – Pourquoi est-ce que vous ______________ comme ça? Vous ______________ que ça m'énerve?

   – Tu n'es pas drôle, tu ne ______________ jamais! Tu nous ______________.



Solutions, p. 76

# Je veux qu'il vienne!

**1** Relie les phrases pour reconstituer l'histoire. Puis récris-les dans ton cahier. (▶ Texte, p. 46)

| | | | |
|---|---|---|---|
| Antoine demande à ses parents | 1 | a | que leur fils sorte. |
| Sa mère ne voudrait pas | 2 | b | que les jeunes rangent l'appartement. |
| Et son père ne veut pas | 3 | c | s'ils invitent Sarah. |
| C'est pourquoi il veut | 4 | d | faire la fête chez elle. |
| Les parents de Romain ne veulent pas | 5 | e | que Romain vienne. |
| Ils veulent | 6 | f | qu'elle fasse trop de bruit avec ses copains. |
| Marie demande à sa mère si elle peut | 7 | g | avoir des problèmes avec eux. |
| C'est d'accord pour la fête, mais il faut | 8 | h | qu'elle prévienne les voisins. |
| Et il ne faut pas | 9 | i | qu'il travaille pour l'école. |
| Après, il faut | 10 | j | parce que les jeunes font du bruit. |
| Antoine demande à Marie | 11 | k | s'il peut faire une fête chez lui. |
| Marie ne veut pas | 12 | l | qu'elle vienne. |
| Elle voudrait | 13 | m | qu'il dérange les voisins. |
| Le jour de la fête, Marie est contente | 14 | n | qu'il trouve un autre endroit. |
| Les voisins ne sont pas contents | 15 | o | parce que Romain a pu venir. |

1. k 2. m 3. g 4. n 5. a 6. i 7. d 8. h 9. f 10. b 11. c 12. l 13. e 14. o 15. j

**2** Retrouve l'infinitif de ces formes au subjonctif. Puis écris une phrase avec chaque forme à droite. (▶ p. 47/6)

1. aller — que j'aille — Il veut que j'aille à la fête.
2. avoir — que vous ayez — Je veux que vous ayez une bonne note.
3. être — que nous soyons — Ils veulent que nous soyons là à 20 heures.
4. dire — que je dise — Il faut que je te dise un truc!
5. faire — que je fasse — Ses parents veulent qu'elle fasse ses devoirs.
6. réagir — que vous réagissiez — Nous voulons que vous réagissiez plus vite.
7. attendre — qu'ils attendent — Elle voudrait qu'ils l'attendent.
8. pouvoir — qu'il puisse — Vous voulez qu'il puisse parler français.
9. savoir — que vous sachiez — Il faut que vous sachiez présenter une chanson.
10. partir — qu'elle parte — Il ne veut pas qu'elle parte.
11. venir — qu'on vienne — Tu ne veux pas qu'on vienne chez toi.
12. vouloir — que tu veuilles — Je comprends que tu veuilles aller au foot.
13. comprendre — que tu comprennes — Je voudrais que tu me comprennes.

**3** **Indicatif ou subjonctif? Relie.** (▶ p. 47/2)

1. Je sais que — Romain vienne à la fête.
2. Je veux que — Romain vient à la fête.

3. Je pense que — vous vous amusiez.
4. Je voudrais que — vous allez vous amuser.

5. Il faut qu' — elle comprenne les voisins.
6. Elle dit qu' — elle comprend les voisins.

7. Je trouve que — vous exagériez.
8. Il ne faut pas que — vous exagérez.

Je veux + *infinitif*
→ **Je veux** *faire* une fête.

**!** Je veux *que* ___ + *subjonctif*
→ Je veux *que* **Marie** *fasse* une fête.

**4** **C'est le week-end. La famille Garnier discute au petit-déjeuner. Complète par des formes au subjonctif.** (▶ p. 47/6)

aller finir avoir travailler faire apprendre être

1. Les enfants, ce matin, on veut que vous travailliez pour l'école.
2. Océane, il faut que tu apprennes ton vocabulaire d'allemand.
3. On veut que tu aies une bonne note à ton interro.
4. Toi, Enzo, il faut que tu finisses ton roman pour ta présentation.
5. Et il faut que tu fasses tes exercices de maths: tes notes sont catastrophiques.
6. Maman, Léa voudrait qu'on aille à la piscine cet après-midi.
7. D'accord, mais je veux que tu sois ici à 19 heures.

**5** **Lili va à la fête chez Marie. Qu'est-ce qu'elle (ne) doit (pas) faire? Utilise** *Il (ne) faut (pas) que* **+ subjonctif. Écris dans ton cahier.**

1. Ne dérange pas les parents de Marie.
2. Ne fais pas trop de bruit.
3. Aide Marie à ranger l'appartement.
4. Tu dois être à la maison à 23 heures.

**6** **Tu veux partir en balade avec tes amis. Trouve une fin à ces débuts de phrases. Utilise le subjonctif.**

1. Mes amis veulent que je fasse de l'aviron avec eux.
2. Il faut que/qu' je prenne des bonnes baskets.
3. Je ne voudrais pas que/qu' ma petite sœur vienne avec nous.
4. On veut que/qu' il fasse beau.
5. Je voudrais que/qu' mon copain puisse venir avec nous.
6. Il ne faut pas que/qu' j'oublie le gâteau pour le pique-nique.

# Tu es en forme pour l'unité 3? facultatif

Vorbereitung auf:

Volet 1 Fragepronomen

**1** Sophie rencontre un copain dans le métro. Elle lui pose des questions. Retrouve-les et complète le dialogue.

1. – Qu'est-ce que tu as fait hier?

– Hier? Je n'ai rien fait de spécial ... Ah si! Je suis allé au ciné.

2. – Qu'est-ce que tu as vu? / Quel film est-ce que tu as vu?

– J'ai vu «Les profs». C'était sympa!

3. – Où est-ce que tu descends?

– Je descends à Odéon. Mon collège est à côté.

4. – Est-ce que tu as des profs sympas?

– Oui, j'ai des profs sympas. Ça va.

5. – Qu'est-ce que tu fais samedi?

– Samedi matin, je vais au foot, mais après, j'ai le temps. On fait quelque chose ensemble?

CD 12
Volet 1 Zahlen

**2** Mourad fait un exposé sur une tour du futur «l'Ultima Tower»: Écoute ce qu'il raconte. Puis souligne les bonnes réponses. Tu peux écouter le texte plusieurs fois.

500 / 600 / 700 étages
2 000 / 3 000 / 10 000 mètres (la base[1])
3 207 / 3 217 / 13 207 mètres (la hauteur)
1 000 000 / 5 000 000 / 20 000 000 habitants
35 000 / 36 000 / 37 000 ouvriers
6 / 13 / 16 ans

1 **la base** das Fundament

Volet 2 reflexive Verben im *passé composé*

**3** Sophie raconte à sa copine ce qu'elle a fait pendant les vacances. Utilise le passé composé.

jouer aller *(2x)* rentrer faire passer nager sortir

J' ai passé des super vacances chez mes cousins à Sète! On a fait un tas de trucs. On est allés à la plage, on a nagé dans la mer, on a joué au ballon! Une fois, je suis sortie : je suis allée à une fête et je suis rentrée à une heure du matin. C'était trop cool!

Volet 2
reflexive Verben im *passé composé*

## 4

Imagine une journée de vacances idéale. Utilise au moins six verbes pronominaux au présent. Écris dans ton cahier.

se lever  se dépêcher  s'amuser
s'ennuyer  se préparer  se coucher
se baigner  se promener  se souvenir de qc/qn
s'éclater  ___

Pendant les vacances, je …

Volet 2
*en* (partitiv)

## 5

Oscar a préparé un buffet pour sa fête d'anniversaire. Qu'est-ce qu'il y a? Utilise *de la*, *de l'*, *du* et *des*. Écris dans ton cahier.

Volet 3
Adverbien (Komparativ und Superlativ)

## 6

**a** Parle de tes préférences et fais des comparaisons. Utilise le comparatif de ces adjectifs. Écris dans ton cahier.

**Exemple:** Les bonbons sont moins chers que les fruits et je les trouve aussi bons.

beau  bon  célèbre  chaud  cher  cool  dangereux  drôle  facile  grand  haut
intéressant  joli  pratique  sympa  ___

1. les bonbons – les fruits
2. la bédé d'Astérix – la bédé de Tintin
3. l'anglais – l'allemand
4. le pull bleu – le tee-shirt rouge
5. le ski – l'athlétisme
6. la tour Eiffel – la tour Montparnasse

**b** Des touristes visitent Paris en car. Que dit le guide? Utilise le superlatif de l'adjectif. Pense à l'accord des adjectifs! Écris les phrases dans ton cahier.

1. Le 15e / être / + grand / arrondissement / Paris.
2. Le Louvre / être / le musée / + célèbre / monde.
3. Le pont Neuf / être / + vieux / pont / Paris.
4. La maison / + petit / Paris / se trouver / 10e arrondissement.
5. Dans ce magasin, on / trouver / vêtements / – cher / capitale.
6. Chez Berthillon / on / trouver / ! + bon / glaces / ville.

# VOLET 1

## Vocabulaire et expression

**1** Un camarade de classe a écrit un texte sur le Canada. Complète le texte au présent. (▶ Liste des mots, p. 182–185)

*coloniser* la région *entrer* en guerre avec
*découvrir* le navigateur *devenir* anglais
*devenir* la langue officielle par le fleuve

Montréal est la deuxième plus grande ville francophone après Paris.

En 1534, ___le navigateur___ Jacques Cartier ___découvre___ le Canada. Il arrive à Gaspé ___par le fleuve___ Saint-Laurent. Les Français ___colonisent la région___ et l'appellent la Nouvelle-France. En 1760, les Anglais, qui aiment aussi cette région, ___entrent en guerre avec___ la France. En 1763, le Canada ___devient anglais___, mais les Français restent au Québec. En 1974, le français ___devient la langue officielle___ du Québec.

## Grammaire

**2** À toi! Présente ces jeunes. Écris dans ton cahier. (▶ Repères, p. 66/1)

**1** Klara
Allemagne
Berlin

**2** Akuti
Inde
Calcutta

**3** Esma
Turquie *f.*
Ankara

**4** Philippe et Xavier
Belgique
Bruxelles

**5** Maria et Ronaldo
Portugal
Porto

**6** Jaap
Pays-Bas *m. pl.*
Amsterdam

**7** Jeanne
Québec
Laval

**8** À toi.
Imagine.

être de/du/des venir de/du/des
habiter à/au/aux/en vivre à/au/aux/en

1. Klara vient d'Allemagne. Elle habite à Berlin.

**3 a** Des jeunes font une excursion à la montagne. Qu'est-ce qu'ils disent? Relie les mini-dialogues. (▶ Repères, p. 66/2)

- Qui est-ce qui peut me passer ses jumelles? **1**
- Qui est-ce qui peut porter les sacs? **2**
- Qu'est-ce qu'il y a? **3**
- Mais si, qu'est-ce qui te dérange? **4**

**a** – Pas moi, parce que je prends la tente.
**b** – Rien!
**c** – Ta musique est trop forte!
**d** – Moi, mais ne les garde pas longtemps!

**b** Qu'est-ce qu'ils disent? Complète les questions. Utilise *qui est-ce qui, qui est-ce que/qu', qu'est-ce qui, qu'est-ce que/qu'*. (▶ Repères, p. 66/2)

1. – On ne peut pas passer par là. Qu'est-ce qu' on fait?
   – On va prendre ce chemin.

2. – Qui est-ce qui me passe un peu d'eau?
   – Moi, j'ai seulement du jus de fruits.

3. – Qui est-ce que tu préfères dans le groupe?
   – Je ne sais pas ... Tout le monde est sympa.

4. – Tu n'es pas content? Qu'est-ce qui ne va pas?
   – Je voudrais bien faire une pause!

**c** À toi! Écris deux mini-dialogues comme en **b** dans ton cahier.

## Médiation

**4** Ta famille veut passer les prochaines vacances d'hiver au Québec. Explique-leur ce qu'est l'Igloofest. Prends des notes dans ton cahier. (▶ Méthodes, p. 149/29)

### L'IGLOOFEST

Igloofest, c'est le festival d'hiver de Montréal. Il a lieu en janvier et en février sur le quai Jacques-Cartier du Vieux-Port de Montréal. Pendant quatre week-ends, des milliers de gens, fan de musique électro, viennent entendre des DJ québécois et internationaux. Et tout le monde danse sur cette musique en plein air, même par des températures de – 30 degrés! Les gens n'ont pas peur du froid! Pendant ce festival, il y a aussi le concours «One piece» (la combinaison de neige la plus originale!) et on peut visiter le village d'igloos construits pour l'occasion.

**Environ:**
**70 000** visiteurs
**2 000 000** $ de budget total
**52** DJ pour **91** heures de musique
**60** tonnes de neige pour construire les igloos
**300** employés volontaires
**10 000** tweets reçus pendant le festival

## Le jeu des «petits mots»

**SPIELREGELN**

1 Schneide die Karten aus und lege sie mit der Seite, auf dem die deutschen Wörter stehen, auf den Tisch.

2 A zieht eine Karte und liest das deutsche Wort vor. B nennt die französische Entsprechung und A schaut auf der Rückseite der Karte nach, ob die Antwort stimmt.

Richtige Antwort: B sucht einen passenden Satz auf der anderen Seite aus, ergänzt ihn durch das Wort auf seiner/ihrer Karte und liest ihn vor. B behält die Karte.

Falsche Antwort: A legt die Karte zurück.

3 Jetzt ist B an der Reihe.

Der Spieler, der die meisten Karten hat, hat gewonnen.

| | | | |
|---|---|---|---|
| oder | unter | draußen | genug |
| wo | hier | vor | ziemlich |
| ab und zu | da, hier | hinter | früher |
| immer | dort | also | früher |
| die ganze Zeit | minus | auf einmal | bevor |
| plötzlich | überall | noch einmal | als |
| gleich | wenig | noch | wie |
| vorhin | eher | endlich | da |
| sofort | mehr | schließlich | gegen |
| gerade aus | fast | na ja | schon |
| ein bisschen | dann | zwischen | seit |

| | | | |
|---|---|---|---|
| assez de | dehors | entre | ou |
| assez | devant | ici | où |
| autrefois | derrière | là | de temps en temps |
| avant | donc | là-bas | toujours |
| avant de | en une fois | moins | tout le temps |
| comme | encore une fois | partout | tout à coup |
| comme | encore | peu | tout à l'heure |
| comme | enfin | plutôt | tout à l'heure |
| contre | enfin | plus | tout de suite |
| déjà | enfin | presque | tout droit |
| depuis | entre | puis | un peu |

assez de

assez

1. On a ? fruits pour faire une glace.
2. J'ai trouvé le film «Les Profs» ? drôle.
3. Paris était comment, ? ?
4. ? , j'habitais à Paris.
5. Ferme la porte ? sortir, s'il te plaît.
6. Qu'est-ce que vous prenez ? dessert?
7. Léa est ouverte et sympa ? sa sœur.
8. ? je suis malade, je reste au lit.
9. Qu'est-ce que tu as ? moi?
10. Tu as ? fini ton roman? Tu lis vite.
11. Marc est malade ? jeudi.
12. ? , il fait froid aujourd'hui.
13. Tu cherches tes clés? Elles sont ? toi!
14. J'ai laissé mon sac ? la porte.
15. Je pense ? je suis.
16. J'ai fait tout ce travail ? .
17. Chante ? , s'il te plaît!
18. Est-ce que tu as ? une question?
19. J'ai ? retrouvé mes clés!
20. ? , on est sortis dans la cour.
21. J'ai tout compris … ? presque.
22. J'habite ? la boulangerie et le café.
23. On a passé une journée ? copains.
24. On est restés ? et on a fait un jeu.
25. Mon frère n'est pas ? , il est chez Tino.
26. Tu vois la fille ? ? C'est la sœur de Léon.
27. En hiver, il fait souvent ? dix degrés.
28. À Paris, il y a des touristes ? .
29. Mon copain parle ? , il préfère écouter.
30. Moi, j'aime ? les romans de fantasy.
31. Je lis un livre par semaine et parfois ? .
32. Attends, j'arrive, j'ai ? fini!
33. On est allés au cinéma, ? on est rentrés.
34. Tu as choisi le thème numéro 1 ? le numéro 2?
35. Je ne sais plus ? j'ai rangé mon classeur.
36. Je vais ? au planétarium.
37. Tu veux ? avoir raison, tu m'énerves!
38. Tu es pénible, tu râles ? !
39. Tout allait bien, mais ? , il est parti.
40. Nathan et Lisa vont venir ? .
41. J'ai vu Léo et son frère ? .
42. Attendez, moi, j'arrive ? .
43. La gare? C'est toujours ? .
44. Tu pourrais en laisser ? pour les autres.

## LÖSUNGEN

1. assez de
2. assez
3. autrefois
4. avant
5. avant de
6. comme
7. comme
8. comme
9. contre
10. déjà
11. depuis
12. dehors
13. devant
14. derrière
15. donc
16. en une fois
17. encore une fois
18. encore
19. enfin
20. enfin
21. enfin
22. entre
23. entre
24. ici
25. là
26. là-bas
27. moins
28. partout
29. peu
30. plutôt
31. plus
32. presque
33. puis
34. ou
35. où
36. de temps en temps
37. toujours
38. tout le temps
39. tout à coup
40. tout à l'heure
41. tout à l'heure
42. tout de suite
43. tout droit
44. un peu

PRÉPARATION AU DELF

**RÈGLE DU JEU**

Jouez à deux. Le joueur A est l'élève allemand/e qui va chez son corres. Le joueur B joue l'autre rôle.

1 Vous êtes en colonie de vacances. Vous devez choisir votre programme.

2 A choisit trois cartes SPORT et deux cartes ATELIER et présente les activités sportives et les ateliers.

3 B choisit trois cartes SPORT et deux cartes ATELIER et présente les activités sportives et les ateliers.

4 Mettez-vous d'accord sur les ateliers et les activités sportives. Puis choisissez quatre activités sportives et deux ateliers.

| | | |
|---|---|---|
| **atelier chanson:** Compose des chansons. | **atelier cirque:** Apprends à faire des numéros de cirque. | **atelier cuisine:** Invente des plats originaux. |
| **atelier dessin:** Dessine une bédé. | **atelier espagnol:** Apprends l'espagnol. | **atelier cinéma:** Tourne ton propre film. |
| **atelier jeux vidéo:** Crée un jeu vidéo. | **atelier journalisme:** Écris des articles. | **atelier manga:** Dessine un manga. |
| **atelier mode:** Invente un look. | **atelier nature:** Observe des animaux avec des jumelles. | **atelier humour:** Écris des sketches. |

En colonie de vacances: ATELIER | En colonie de vacances: ATELIER | En colonie de vacances: ATELIER | En colonie de vacances: ATELIER | En colonie de vacances: ATELIER | En colonie de vacances: ATELIER | En colonie de vacances: ATELIER | En colonie de vacances: ATELIER | En colonie de vacances: ATELIER | En colonie de vacances: ATELIER | En colonie de vacances: ATELIER | En colonie de vacances: ATELIER | En colonie de vacances: ATELIER | En colonie de vacances: ATELIER | En colonie de vacances: ATELIER | En colonie de vacances: ATELIER | En

En colonie de vacances: ATELIER | En colonie de vacances: ATELIER | En colonie de vacances: ATELIER | En colonie de vacances: ATELIER | En colonie de vacances: ATELIER | En colonie de vacances: ATELIER | En colonie de vacances: ATELIER | En colonie de vacances: ATELIER | En colonie de vacances: ATELIER | En colonie de vacances: ATELIER | En colonie de vacances: ATELIER | En colonie de vacances: ATELIER | En colonie de vacances: ATELIER | En colonie de vacances: ATELIER | En colonie de vacances: ATELIER | En colonie de vacances: ATELIER | En

En colonie de vacances: ATELIER | En colonie de vacances: ATELIER | En colonie de vacances: ATELIER | En colonie de vacances: ATELIER | En colonie de vacances: ATELIER | En colonie de vacances: ATELIER | En colonie de vacances: ATELIER | En colonie de vacances: ATELIER | En colonie de vacances: ATELIER | En colonie de vacances: ATELIER | En colonie de vacances: ATELIER | En colonie de vacances: ATELIER | En colonie de vacances: ATELIER | En colonie de vacances: ATELIER | En colonie de vacances: ATELIER | En colonie de vacances: ATELIER | En

En colonie de vacances: ATELIER | En colonie de vacances: ATELIER | En colonie de vacances: ATELIER | En colonie de vacances: ATELIER | En colonie de vacances: ATELIER | En colonie de vacances: ATELIER | En colonie de vacances: ATELIER | En colonie de vacances: ATELIER | En colonie de vacances: ATELIER | En colonie de vacances: ATELIER | En colonie de vacances: ATELIER | En colonie de vacances: ATELIER | En colonie de vacances: ATELIER | En colonie de vacances: ATELIER | En colonie de vacances: ATELIER | En colonie de vacances: ATELIER | En

En colonie de vacances: ATELIER | En colonie de vacances: ATELIER | En colonie de vacances: ATELIER | En colonie de vacances: ATELIER | En colonie de vacances: ATELIER | En colonie de vacances: ATELIER | En colonie de vacances: ATELIER | En colonie de vacances: ATELIER | En colonie de vacances: ATELIER | En colonie de vacances: ATELIER | En colonie de vacances: ATELIER | En colonie de vacances: ATELIER | En colonie de vacances: ATELIER | En colonie de vacances: ATELIER | En colonie de vacances: ATELIER | En colonie de vacances: ATELIER | En

En colonie de vacances: ATELIER | En colonie de vacances: ATELIER | En colonie de vacances: ATELIER | En colonie de vacances: ATELIER | En colonie de vacances: ATELIER | En colonie de vacances: ATELIER | En colonie de vacances: ATELIER | En colonie de vacances: ATELIER | En colonie de vacances: ATELIER | En colonie de vacances: ATELIER | En colonie de vacances: ATELIER | En colonie de vacances: ATELIER | En colonie de vacances: ATELIER | En colonie de vacances: ATELIER | En colonie de vacances: ATELIER | En colonie de vacances: ATELIER | En

En colonie de vacances: ATELIER | En colonie de vacances: ATELIER | En colonie de vacances: ATELIER | En colonie de vacances: ATELIER | En colonie de vacances: ATELIER | En colonie de vacances: ATELIER | En colonie de vacances: ATELIER | En colonie de vacances: ATELIER | En colonie de vacances: ATELIER | En colonie de vacances: ATELIER | En colonie de vacances: ATELIER | En colonie de vacances: ATELIER | En colonie de vacances: ATELIER | En colonie de vacances: ATELIER | En colonie de vacances: ATELIER | En colonie de vacances: ATELIER | En

En colonie de vacances: ATELIER | En colonie de vacances: ATELIER | En colonie de vacances: ATELIER | En colonie de vacances: ATELIER | En colonie de vacances: ATELIER | En colonie de vacances: ATELIER | En colonie de vacances: ATELIER | En colonie de vacances: ATELIER | En colonie de vacances: ATELIER | En colonie de vacances: ATELIER | En colonie de vacances: ATELIER | En colonie de vacances: ATELIER | En colonie de vacances: ATELIER | En colonie de vacances: ATELIER | En colonie de vacances: ATELIER | En colonie de vacances: ATELIER | En

En colonie de vacances: ATELIER | En colonie de vacances: ATELIER | En colonie de vacances: ATELIER | En colonie de vacances: ATELIER | En colonie de vacances: ATELIER | En colonie de vacances: ATELIER | En colonie de vacances: ATELIER | En colonie de vacances: ATELIER | En colonie de vacances: ATELIER | En colonie de vacances: ATELIER | En colonie de vacances: ATELIER | En colonie de vacances: ATELIER | En colonie de vacances: ATELIER | En colonie de vacances: ATELIER | En colonie de vacances: ATELIER | En colonie de vacances: ATELIER | En

En colonie de vacances: ATELIER | En colonie de vacances: ATELIER | En colonie de vacances: ATELIER | En colonie de vacances: ATELIER | En colonie de vacances: ATELIER | En colonie de vacances: ATELIER | En colonie de vacances: ATELIER | En colonie de vacances: ATELIER | En colonie de vacances: ATELIER | En colonie de vacances: ATELIER | En colonie de vacances: ATELIER | En colonie de vacances: ATELIER | En colonie de vacances: ATELIER | En colonie de vacances: ATELIER | En colonie de vacances: ATELIER | En colonie de vacances: ATELIER | En

En colonie de vacances: ATELIER | En colonie de vacances: ATELIER | En colonie de vacances: ATELIER | En colonie de vacances: ATELIER | En colonie de vacances: ATELIER | En colonie de vacances: ATELIER | En colonie de vacances: ATELIER | En colonie de vacances: ATELIER | En colonie de vacances: ATELIER | En colonie de vacances: ATELIER | En colonie de vacances: ATELIER | En colonie de vacances: ATELIER | En colonie de vacances: ATELIER | En colonie de vacances: ATELIER | En colonie de vacances: ATELIER | En colonie de vacances: ATELIER | En

En colonie de vacances: ATELIER | En colonie de vacances: ATELIER | En colonie de vacances: ATELIER | En colonie de vacances: ATELIER | En colonie de vacances: ATELIER | En colonie de vacances: ATELIER | En colonie de vacances: ATELIER | En colonie de vacances: ATELIER | En colonie de vacances: ATELIER | En colonie de vacances: ATELIER | En colonie de vacances: ATELIER | En colonie de vacances: ATELIER | En colonie de vacances: ATELIER | En colonie de vacances: ATELIER | En colonie de vacances: ATELIER | En colonie de vacances: ATELIER | En

SPORT | En colonie de vacances: SPORT | En colonie de vacances: SPORT | En colonie de vacances: SPORT | En colonie de vacances: SPORT | En colonie de vacances: SPORT | En colonie de vacances: SPORT | En colonie de vacances: SPORT | En colonie de vacances: SPORT | En colonie de vacances: SPORT | En colonie de vacances: SPORT | En colonie de vacances: SPORT | En colonie de vacances: SPORT | En colonie de vacances: SPORT | En colonie de vacances: SPORT En colonie de vacances: SPORT

SPORT | En colonie de vacances: SPORT | En colonie de vacances: SPORT | En colonie de vacances: SPORT | En colonie de vacances: SPORT | En colonie de vacances: SPORT | En colonie de vacances: SPORT | En colonie de vacances: SPORT | En colonie de vacances: SPORT | En colonie de vacances: SPORT | En colonie de vacances: SPORT | En colonie de vacances: SPORT | En colonie de vacances: SPORT | En colonie de vacances: SPORT | En colonie de vacances: SPORT En colonie de vacances: SPORT

SPORT | En colonie de vacances: SPORT | En colonie de vacances: SPORT | En colonie de vacances: SPORT | En colonie de vacances: SPORT | En colonie de vacances: SPORT | En colonie de vacances: SPORT | En colonie de vacances: SPORT | En colonie de vacances: SPORT | En colonie de vacances: SPORT | En colonie de vacances: SPORT | En colonie de vacances: SPORT | En colonie de vacances: SPORT | En colonie de vacances: SPORT | En colonie de vacances: SPORT En colonie de vacances: SPORT

SPORT | En colonie de vacances: SPORT | En colonie de vacances: SPORT | En colonie de vacances: SPORT | En colonie de vacances: SPORT | En colonie de vacances: SPORT | En colonie de vacances: SPORT | En colonie de vacances: SPORT | En colonie de vacances: SPORT | En colonie de vacances: SPORT | En colonie de vacances: SPORT | En colonie de vacances: SPORT | En colonie de vacances: SPORT | En colonie de vacances: SPORT | En colonie de vacances: SPORT En colonie de vacances: SPORT

SPORT | En colonie de vacances: SPORT | En colonie de vacances: SPORT | En colonie de vacances: SPORT | En colonie de vacances: SPORT | En colonie de vacances: SPORT | En colonie de vacances: SPORT | En colonie de vacances: SPORT | En colonie de vacances: SPORT | En colonie de vacances: SPORT | En colonie de vacances: SPORT | En colonie de vacances: SPORT | En colonie de vacances: SPORT | En colonie de vacances: SPORT | En colonie de vacances: SPORT En colonie de vacances: SPORT

SPORT | En colonie de vacances: SPORT | En colonie de vacances: SPORT | En colonie de vacances: SPORT | En colonie de vacances: SPORT | En colonie de vacances: SPORT | En colonie de vacances: SPORT | En colonie de vacances: SPORT | En colonie de vacances: SPORT | En colonie de vacances: SPORT | En colonie de vacances: SPORT | En colonie de vacances: SPORT | En colonie de vacances: SPORT | En colonie de vacances: SPORT | En colonie de vacances: SPORT En colonie de vacances: SPORT

SPORT | En colonie de vacances: SPORT | En colonie de vacances: SPORT | En colonie de vacances: SPORT | En colonie de vacances: SPORT | En colonie de vacances: SPORT | En colonie de vacances: SPORT | En colonie de vacances: SPORT | En colonie de vacances: SPORT | En colonie de vacances: SPORT | En colonie de vacances: SPORT | En colonie de vacances: SPORT | En colonie de vacances: SPORT | En colonie de vacances: SPORT | En colonie de vacances: SPORT En colonie de vacances: SPORT

SPORT | En colonie de vacances: SPORT | En colonie de vacances: SPORT | En colonie de vacances: SPORT | En colonie de vacances: SPORT | En colonie de vacances: SPORT | En colonie de vacances: SPORT | En colonie de vacances: SPORT | En colonie de vacances: SPORT | En colonie de vacances: SPORT | En colonie de vacances: SPORT | En colonie de vacances: SPORT | En colonie de vacances: SPORT | En colonie de vacances: SPORT | En colonie de vacances: SPORT En colonie de vacances: SPORT

SPORT | En colonie de vacances: SPORT | En colonie de vacances: SPORT | En colonie de vacances: SPORT | En colonie de vacances: SPORT | En colonie de vacances: SPORT | En colonie de vacances: SPORT | En colonie de vacances: SPORT | En colonie de vacances: SPORT | En colonie de vacances: SPORT | En colonie de vacances: SPORT | En colonie de vacances: SPORT | En colonie de vacances: SPORT | En colonie de vacances: SPORT | En colonie de vacances: SPORT En colonie de vacances: SPORT

SPORT | En colonie de vacances: SPORT | En colonie de vacances: SPORT | En colonie de vacances: SPORT | En colonie de vacances: SPORT | En colonie de vacances: SPORT | En colonie de vacances: SPORT | En colonie de vacances: SPORT | En colonie de vacances: SPORT | En colonie de vacances: SPORT | En colonie de vacances: SPORT | En colonie de vacances: SPORT | En colonie de vacances: SPORT | En colonie de vacances: SPORT | En colonie de vacances: SPORT En colonie de vacances: SPORT

SPORT | En colonie de vacances: SPORT | En colonie de vacances: SPORT | En colonie de vacances: SPORT | En colonie de vacances: SPORT | En colonie de vacances: SPORT | En colonie de vacances: SPORT | En colonie de vacances: SPORT | En colonie de vacances: SPORT | En colonie de vacances: SPORT | En colonie de vacances: SPORT | En colonie de vacances: SPORT | En colonie de vacances: SPORT | En colonie de vacances: SPORT | En colonie de vacances: SPORT En colonie de vacances: SPORT

SPORT | En colonie de vacances: SPORT | En colonie de vacances: SPORT | En colonie de vacances: SPORT | En colonie de vacances: SPORT | En colonie de vacances: SPORT | En colonie de vacances: SPORT | En colonie de vacances: SPORT | En colonie de vacances: SPORT | En colonie de vacances: SPORT | En colonie de vacances: SPORT | En colonie de vacances: SPORT | En colonie de vacances: SPORT | En colonie de vacances: SPORT | En colonie de vacances: SPORT En colonie de vacances: SPORT

SPORT | En colonie de vacances: SPORT | En colonie de vacances: SPORT | En colonie de vacances: SPORT | En colonie de vacances: SPORT | En colonie de vacances: SPORT | En colonie de vacances: SPORT | En colonie de vacances: SPORT | En colonie de vacances: SPORT | En colonie de vacances: SPORT | En colonie de vacances: SPORT | En colonie de vacances: SPORT | En colonie de vacances: SPORT | En colonie de vacances: SPORT | En colonie de vacances: SPORT En colonie de vacances: SPORT

SPORT | En colonie de vacances: SPORT | En colonie de vacances: SPORT | En colonie de vacances: SPORT | En colonie de vacances: SPORT | En colonie de vacances: SPORT | En colonie de vacances: SPORT | En colonie de vacances: SPORT | En colonie de vacances: SPORT | En colonie de vacances: SPORT | En colonie de vacances: SPORT | En colonie de vacances: SPORT | En colonie de vacances: SPORT | En colonie de vacances: SPORT | En colonie de vacances: SPORT En colonie de vacances: SPORT

SPORT | En colonie de vacances: SPORT | En colonie de vacances: SPORT | En colonie de vacances: SPORT | En colonie de vacances: SPORT | En colonie de vacances: SPORT | En colonie de vacances: SPORT | En colonie de vacances: SPORT | En colonie de vacances: SPORT | En colonie de vacances: SPORT | En colonie de vacances: SPORT | En colonie de vacances: SPORT | En colonie de vacances: SPORT | En colonie de vacances: SPORT | En colonie de vacances: SPORT En colonie de vacances: SPORT

SPORT | En colonie de vacances: SPORT | En colonie de vacances: SPORT | En colonie de vacances: SPORT | En colonie de vacances: SPORT | En colonie de vacances: SPORT | En colonie de vacances: SPORT | En colonie de vacances: SPORT | En colonie de vacances: SPORT | En colonie de vacances: SPORT | En colonie de vacances: SPORT | En colonie de vacances: SPORT | En colonie de vacances: SPORT | En colonie de vacances: SPORT | En colonie de vacances: SPORT En colonie de vacances: SPORT

SPORT | En colonie de vacances: SPORT | En colonie de vacances: SPORT | En colonie de vacances: SPORT | En colonie de vacances: SPORT | En colonie de vacances: SPORT | En colonie de vacances: SPORT | En colonie de vacances: SPORT | En colonie de vacances: SPORT | En colonie de vacances: SPORT | En colonie de vacances: SPORT | En colonie de vacances: SPORT | En colonie de vacances: SPORT | En colonie de vacances: SPORT | En colonie de vacances: SPORT En colonie de vacances: SPORT

SPORT | En colonie de vacances: SPORT | En colonie de vacances: SPORT | En colonie de vacances: SPORT | En colonie de vacances: SPORT | En colonie de vacances: SPORT | En colonie de vacances: SPORT | En colonie de vacances: SPORT | En colonie de vacances: SPORT | En colonie de vacances: SPORT | En colonie de vacances: SPORT | En colonie de vacances: SPORT | En colonie de vacances: SPORT | En colonie de vacances: SPORT | En colonie de vacances: SPORT En colonie de vacances: SPORT

SPORT | En colonie de vacances: SPORT | En colonie de vacances: SPORT | En colonie de vacances: SPORT | En colonie de vacances: SPORT | En colonie de vacances: SPORT | En colonie de vacances: SPORT | En colonie de vacances: SPORT | En colonie de vacances: SPORT | En colonie de vacances: SPORT | En colonie de vacances: SPORT | En colonie de vacances: SPORT | En colonie de vacances: SPORT | En colonie de vacances: SPORT | En colonie de vacances: SPORT En colonie de vacances: SPORT

SPORT | En colonie de vacances: SPORT | En colonie de vacances: SPORT | En colonie de vacances: SPORT | En colonie de vacances: SPORT | En colonie de vacances: SPORT | En colonie de vacances: SPORT | En colonie de vacances: SPORT | En colonie de vacances: SPORT | En colonie de vacances: SPORT | En colonie de vacances: SPORT | En colonie de vacances: SPORT | En colonie de vacances: SPORT | En colonie de vacances: SPORT | En colonie de vacances: SPORT En colonie de vacances: SPORT

# VOLET 2

## Vocabulaire et expression

**1** a Regarde le dessin pendant 30 secondes, puis ferme ton carnet et note le maximum de mots. Écris-les dans ton cahier avec l'article défini. (▶ Liste des mots, p. 185–187)

b Est-ce que tu as trouvé tous les mots? Compare avec ton/ta partenaire et complète si nécessaire.

## Lire et comprendre

**2** Relis le blog de Jérémy, p. 56–57, puis prépare au moins six questions (et aussi les réponses) sur le texte pour les poser à ton/ta partenaire qui répond. Écris dans ton cahier.

Qui? Où? Pourquoi? Comment?
Qu'est-ce que? Quel? Est-ce que?

## Grammaire

**3** a Lis le texte. Ensuite, dessine ce qu'il y a sur les deux tables. (▶ Repères, p. 67/5)

Sur la table de gauche, il y a une tarte au sirop d'érable, sur la table de droite, il y en a deux. Sur la table de gauche, il y a de la soupe aux pois, sur la table de droite, il y en a aussi. Sur la table de gauche, il y a du pain, sur la table de droite, il n'y en a pas. Sur la table de gauche, il y a une bouteille d'eau, sur la table de droite, il y en a trois. Sur la table de gauche, il n'y a pas de fruits, sur la table de droite, il y en a. Sur la table de gauche, il y a deux bouteilles de coca, sur la table de droite, il n'y en a pas. Sur la table de gauche, il n'y a pas de charcuterie, sur la table de droite, il y en a une assiette.

b Écris un texte comme en a. Lis-le à ton/ta partenaire. Il/Elle dessine. Puis, c'est ton tour. À la fin, comparez les dessins aux textes.

**4** **Olivia et Félix veulent faire une tarte au sirop d'érable. Complète le dialogue. Utilise le pronom *en*.** (▶ Repères, p. 67/5)

– On a du sucre?

– Oui, on en a 500 g.

– Il faut combien d'œufs pour la tarte?

– Il en faut deux.  Ça va, on en a six. 

– Il y a de la farine?

– Oui, on en a un kilo!

– On a du beurre?

– Attends, je regarde ... Non, on n'en a pas/plus. 

Il faut en acheter un paquet. 

Il faut aussi acheter du sirop d'érable, on n'en a pas/plus. 

**5** **Les parents de Gabriel sont venus rechercher les deux garçons. Qu'est-ce qu'ils ont dit? Utilise le passé composé des verbes pronominaux. Écris les phrases dans ton cahier.** (▶ Repères, p. 67/3)

## Écouter et comprendre

CD 13

**6** Jérémy et Gabriel sont invités chez Olivia à Québec pour le carnaval. Olivia téléphone à Jérémy. Écoute le dialogue et coche la bonne réponse.

1. Date d'arrivée:
   - [X] 

   - [ ] 

   - [ ] 

2. Venir en:
   - [ ] 
   - [X] 
   - [ ] 
3. Heure d'arrivée:
   - [ ] vers 08:00
   - [X] vers 18:00
   - [ ] vers 20:00
4. Regarder:
   - [X] 
   - [ ] 
   - [ ] 
5. Se baigner dans:
   - [X] 
   - [ ] 
   - [ ] 
6. Température:
   - [ ] 

   - [ ] 

   - [X] 

## Écrire

**7** **a** Olivia et Félix ont passé le week-end à Montréal, chez Jérémy. Imagine ce qu'il a écrit dans son blog. Utilise *avant de* + infinitif. Écris dans ton cahier. (▶ Repères, p. 67/4)

**Exemple:** Samedi, avant d'aller faire du shopping, nous nous sommes promenés dans Montréal. Nous y sommes restés pendant deux heures. …

**Samedi**

*se promener* dans Montréal

*faire* du shopping

*faire* une balade au parc du Mont-Royal

*aller* au Cirque du soleil

**Dimanche**

*s'éclater* au Planétarium

*manger* un chien chaud

*visiter* le jardin botanique

*prendre* le train

**b** Et toi? Qu'est-ce que tu as fait le week-end dernier? Utilise *avant de* + infinitif. Écris au moins trois phrases comme en **a** dans ton cahier.

# VOLET 3

## Vocabulaire et expression

CD 14

**1** Lis les mots. Ensuite, écoute le texte. De quoi est-ce qu'on parle? Note les numéros dans les bonnes cases. (▶ Liste des mots, p. 188–190)

- 7 l'aéroport
- 1 l'avion
- 2 le hockey sur glace
- 6 un anorak
- 9 des baleines
- 3 les igloos
- 11 les Inuits
- 4 l'ours blanc
- 5 la route
- 8 la motoneige
- 10 la rivière
- 12 le ski de fond

## Lire et comprendre

**2** Est-ce que tu connais le nord du Québec? Fais ce quiz. Note les réponses dans ton cahier.
(▶ Texte, p. 60–61)

### QUIZ

1. Où se trouve Harrington Harbour?
2. Comment peut-on y aller?
3. Nomme les activités qu'on peut y faire en été.
4. Nomme les activités qu'on peut y faire en hiver.
5. Nomme l'activité économique principale du village.
6. Nomme le film qu'on a tourné sur cette île.
7. Comment s'appelle la région où vivent les Inuits?
8. Quel est le village le plus important de cette région?
9. Nomme deux animaux du Grand Nord.
10. Nomme trois mots en inuktitut.
11. Nomme deux autres langues que parlent les Inuits.
12. Nomme une activité économique importante de la région.

## Grammaire

**3** Compare Akiak et son frère Nanuk. Utilise le comparatif de l'adverbe. Écris dans ton cahier. (▶ Repères, p. 67/6)

**Exemple:** 1. Akiak parle aussi bien anglais que Nanuk.

**Akiak**
1. parle très bien anglais
2. parle très bien français
3. ne fait pas très bien du kayak
4. nage vite
5. va souvent au cinéma
6. fait assez mal les igloos

**Nanuk**
1. parle très bien anglais
2. parle assez bien français
3. fait bien du kayak
4. ne nage pas vite
5. ne va pas souvent au cinéma
6. fait assez mal les igloos

**4** Fais des comparaisons. Fais des phrases et utilise le comparatif de l'adverbe. Écris dans ton cahier. (▶ Repères, p. 67/6)

1. la motoneige (+ vite) / le traîneau
2. la voiture (– vite) / l'avion
3. la vie en ville (+ bien) / la ville à la campagne
4. Samuel en été: le bateau (+ souvent) / l'avion
5. Montréal – Ottawa: 191 km (– loin) / Montréal – Québec: 271 km
6. Akiak / Nanuk: parler inuktitut (= bien)

**Exemple:**
1. En motoneige, on va plus vite qu'en traîneau.

**5** Samuel a répondu aux questions d'un journaliste. Complète ses réponses. Utilise le superlatif de l'adverbe. (▶ Repères, p. 67/6)

1. Le hockey sur glace est le sport que j'aime (+ beaucoup) ___le plus___.
2. Quand je suis au village, je fais du hockey sur glace (+ souvent) ___le plus souvent___ possible.
3. Paul joue (+ bien) ___le mieux___ : il court (+ vite) ___le plus vite___ de nous tous.
4. Il marque aussi (+ beaucoup) ___le plus___ de buts!
5. Le rugby est le sport qui m'intéresse (– peu) ___le moins___.

**6** **a** À Harrington Harbour, hier et aujourd'hui. Fais les phrases et écris-les dans ton cahier. Utilise *autant de, plus de* et *moins de*.

**Exemple:** 1. Autrefois, il y avait moins de touristes qu'aujourd'hui.

1. autrefois / – touristes / aujourd'hui
2. aujourd'hui / + hôtels / autrefois
3. autrefois / = habitants / aujourd'hui
4. aujourd'hui / – baleines / autrefois
5. aujourd'hui / + restaurants / avant
6. avant / = ouvriers à l'usine / aujourd'hui
7. autrefois / – guides touristiques / aujourd'hui
8. aujourd'hui / – jeunes / avant

**b** Écris cinq phrases sur ta ville / ton village / ton quartier / ta région comme en **a**. Tu peux demander des informations à tes parents. Écris dans ton cahier.

## Parler

**7** a Tu rencontres un ami français / une amie française et tu lui racontes tes vacances au Québec. Il/Elle te pose beaucoup de questions. Qui est A et qui est B?

| **Partenaire A** (Ton ami/e français/e) | **Partenaire B** (Toi) |
|---|---|
| – fragt, mit wem **B** in Québec war. | – antwortet: mit den Eltern und dem Bruder. |
| – fragt, wo **B** in Québec war. | – in Montréal, in Québec-Stadt, im Jacques-Cartier-Tal und im Norden Québecs. |
| – fragt, welche Stadt **B** am meisten gefallen hat. | – sagt, dass er/sie Québec-Stadt gemocht hat, aber er/sie Montréal lieber mag und nennt einen Grund. |
| – erkundigt sich über die unterirdische Stadt in Montréal. | – antwortet, dass es ganz toll ist und erzählt, was man dort machen kann. |
| – fragt, wie lange **B** in Montréal geblieben ist. | – eine Woche. |
| – fragt, was **B** dort gemacht hat. | – erzählt, dass er/sie mit seiner/ihrer Familie eine Wanderung gemacht hat und sagt, wie das war. |
| – fragt, ob **B** dort Karibus gesehen hat. | – bejaht und erzählt, dass er/sie ebenfalls einen Schwarzbären gesehen hat. |
| – möchte wissen, ob **B** Angst hatte. | – bejaht. **B** sagt, dass er/sie nicht geschrien hat und fügt hinzu, dass der Bär sich außerdem nicht für ihn/sie interessiert hat. |
| – möchte wissen, ob **B** Wale gesehen hat. | – erzählt, dass er/sie welche an der Nordküste *(la Côte-Nord)* gesehen hat. **B** erklärt, dass er/sie sie vom Schiff aus betrachtet hat. |
| – fragt wie die Nordküste *(la Côte-Nord)* ist. | – antwortet und erklärt, dass das weit weg von allem ist und dass sie mit dem Schiff gefahren sind, weil es nicht überall Straßen gibt. |
| – fragt, ob **B** Ausdrücke aus Quebec gelernt hat. | – bejaht und gibt ein Beispiel. |

b Échangez les rôles.

## Regarder et comprendre

DVD **8** Regarde la séquence. Qu'est-ce que tu reconnais? Note les mots dans ton cahier.

## Apprendre à apprendre

**9** **a** Lis ce texte sur la Gaspésie. Cherche dans un dictionnaire les mots que tu ne connais pas et que tu ne comprends pas. (▶ Méthodes, p. 137/5)

### *On vous attend en Gaspésie!*

La Gaspésie est une péninsule dans le sud-est du Québec, au bord de l'océan Atlantique. Son nom vient du mot «gespeg» qui veut dire «la fin de la terre» en micmac (langue indienne). Cette région est presque aussi grande que la Belgique (30 341 km$^2$), mais compte seulement un peu plus de 130 000 habitants. Gaspé est la ville principale avec 15 000 habitants.

La Gaspésie est une région très intéressante et originale. Les Indiens, installés en Gaspésie depuis des milliers d'années, ont vu arriver des Vikings, des navigateurs italiens, et des pêcheurs européens sur les eaux du Saint-Laurent avant l'arrivée de Jacques Cartier. Plus tard, beaucoup d'Anglais aussi se sont installés dans cette région. En Gaspésie, la population est francophone. Mais toutes ces cultures différentes ont apporté leurs traditions ... (et leur accent).

La pêche est l'une des activités principales de la région. Les Gaspésiens aiment la pêche en rivière ou en mer et la pêche de glace en hiver. Dans la cuisine gaspésienne, il y a beaucoup de plats de poisson avec du saumon par exemple.

Le tourisme est une autre activité importante de la région. La Gaspésie fait partie des plus beaux endroits au monde à visiter. Ses paysages sont magnifiques et très variés. La région compte 3 000 km de côtes et des plages immenses, mais aussi des forêts, des vallées, des montagnes, des lacs et des rivières, bien sûr, et enfin, une faune très riche: ours noirs, caribous, poissons, baleines, castors, etc. Son climat est froid dans les montagnes, mais il fait moins froid au bord de la mer.

Il existe seulement une route (la route 132). Mais quand on la prend, on peut faire le tour de la région et la visiter facilement. Il existe aussi plus de 2 000 km de chemins pour faire des balades en motoneige. La Gaspésie compte plusieurs parcs nationaux immenses et magnifiques. Dans le parc national de la Gaspésie (802 km$^2$) se trouvent les montagnes les plus hautes de l'est du Canada, les Appalaches, où vivent les caribous. Dans le parc national de l'Île-Bonaventure-et-du-Rocher-Percé vivent les fous de bassan. Ce sont des oiseaux blancs aux yeux bleus qui peuvent voler vite et loin (jusqu'à 450 km par jour!)

Enfin, les Gaspésiens sont connus pour leur hospitalité et leur joie de vivre.

**b** À ton avis, quelles sont les informations principales pour quelqu'un qui veut visiter cette région? Cette personne aime le sport et la nature. Relis le texte et surligne les mots importants. (▶ Méthodes, p. 146/25.1)

> **Tipp:** Suche nach Oberbegriffen, die viele Wörter zusammenfassen, z. B. *la nature, les animaux ...*

**c** À ton avis, quelles sont les informations importantes qui donnent plus de détails? Relis le texte une troisième fois, puis souligne les mots. Ensuite, comparez vos résultats à deux. (▶ Méthodes, p. 146/25.1)

## 1 Qu'est-ce qu'on dit?

**Prépare ta présentation sur le Québec. Écris dans ton cahier.**

Sage, dass...
1. Quebec die größte Provinz Kanadas ist und acht Millionen Einwohner hat.
2. Quebec die Hauptstadt und Montreal die größte Stadt ist.
3. die Amtssprache Französisch ist und 83% der Einwohner von Quebec französischsprachig sind.
4. in Nunavik die Inuit Inuktitut und Englisch sprechen und sie Französisch in der Schule lernen.

## 2 Vocabulaire

**Note les mots en français sous les rubriques correspondantes: les animaux, la nature/géographie, les activités, les spécialités et le climat. Écris dans ton cahier.**

der Wald das Karibu die Pommes mit Käse und Sauce −30° die Hundeschlittenfahrt die Seen der Schwarzbär der Eisbär das Eisfischen der Ahornsirup die Flüsse frieren der Skilanglauf der Goldene Herbst die Erbsensuppe der Wal das Eishockey der Schnee die Kälte

## 3 Les prépositions et les articles devant les noms de pays

**Complète.**

1. Anna vient ________ Allemagne. Avant, elle vivait ________ Canada, maintenant, elle vit ________ États-Unis. Elle connaît bien ________ Portugal et ________ Tunisie.
2. Valentin vient ________ Belgique. Il vit ________ Chine. Il a vécu ________ Inde aussi. Il connaît ________ Canada et ________ États-Unis.

## 4 Les pronoms interrogatifs *qui est-ce qui, qui est-ce que* et *qu'est-ce qui*

**Complète les mini-dialogues.**

1. – ______________________________ tu veux inviter pour ton anniversaire?
   – Je voudrais inviter tous mes copains!
2. – ______________________________ a gagné le match de hockey sur glace?
   – Les Québécois, bien sûr!
3. – Tu es triste? ______________________________ ne va pas?
   – Marie se moque tout le temps de moi.
4. – ______________________________ est blanc et froid? – La neige!

## 5 Les verbes pronominaux au passé composé

**Complète. Utilise le passé composé.**

se promener   se préparer   se dépêcher   s'arrêter   se lever

1. Maya ______________ à sept heures, elle ______________ et elle ______________ pour ne pas être en retard.
2. Les jeunes ______________ dans la forêt. Tout à coup, les filles ______________ pour s'occuper d'un oiseau blessé.

## 6 La phrase infinitive avec *avant de*

**Qu'est-ce que Youssouf a fait ce matin? Transforme les phrases. Utilise *avant de* + infinitif. Écris dans ton cahier.**

1. Il a pris son petit-déjeuner, puis il a pris sa douche.
2. Il a fait son sac, puis il a rangé son bureau.
3. Il a dit «au revoir» à ses parents, puis il est parti à l'école.

## 7 Le pronom *en*

**Réponds aux questions. Utilise *en*.**

1. – Est-ce qu'il y a du pain? – Oui, ______________
2. – Est-ce qu'il y a des fruits? – Non, ______________

## 8 Le comparatif et le superlatif de l'adverbe

**Comment est-ce que tu dis cela en français? Écris dans ton cahier.**

Sage, dass
1. eure Reiseführerin genauso gut Französisch wie Englisch spricht. Jedoch zu Hause spricht sie am häufigsten Inuktitut.
2. ihr euch mit Motorschlitten fortbewegt, weil das schneller geht.
3. du im Hotel „Koksoak" besser geschlafen hast als auf dem Campingplatz.
4. du im Zelt weniger gut geschlafen hast als im Iglu!
5. ihr morgen so früh wie möglich aufbrechen werdet, um die Tiere in der Natur zu beobachten.

## 9 Les quantifiants avec *plus de, autant de, moins de*

**Compare ces deux dessins. Utilise *plus de, moins de* et *autant de*. Écris dans ton cahier.**

1

2

**Exemple:** Sur le dessin de droite, il y a ___.

Solutions, p. 77

Vorbereitung auf:

Volet 1 Imperativ mit Pronomen

**1 a** Objet direct ou indirect? Écris les verbes dans la bonne colonne du tableau.

aider qn   donner qc à qn   consoler qn   faire qc   répéter qc   raconter qc à qn   dire qc à qn

| Verb + *qn/qc* = es folgt ein direktes Objekt: | Verb + ***à/de*** *qn/qc* = es folgt ein indirektes Objekt: |
|---|---|
| aider qn, faire qc | donner qc à qn |
| consoler qn | raconter qc à qn |
| répéter qc | dire qc à qn |

**b** Complète. Utilise les pronoms objets directs ou les pronoms objets indirects.

| les pronoms objets directs | les pronoms objets indirects |
|---|---|
| me/m', te/t', le, la, l', nous, vous, les | me/m', te/t', lui, nous, vous, leur |

1. Tu fais un gâteau? Tu veux que je __t'__ aide?

2. Ta sœur pleure, je dois __la__ consoler.

3. On est samedi, est-ce que tu peux __lui__ donner son argent de poche?

4. Les courses? Je vais __les__ faire, mais il faut que tu __me__ donnes de l'argent!

5. Je __vous__ dis un secret, mais vous ne __le__ répétez pas, d'accord?

6. Tu __leur__ racontes toujours des blagues.

Volet 2 gesprochene und geschriebene Sprache

**2** Relie.

| | | | |
|---|---|---|---|
| Mes parents ne veulent pas que je sorte! | 1 | a | Je dois partir! |
| Ce n'est pas mon truc! | 2 | b | Le repas est prêt! |
| Il faut que je te dise un truc! | 3 | c | Je dois rester à la maison! |
| Je compte sur toi! | 4 | d | Tu dois savoir une chose! |
| À la maison, c'est l'horreur! | 5 | e | Chez nous, l'ambiance est catastrophique! |
| À table! | 6 | f | Ça ne me plaît pas! |
| Sans blague! | 7 | g | Je sais que tu vas m'aider! |
| Il faut que j'y aille! | 8 | h | Ce n'est pas possible! |

Volet 2
*mise en relief*

**3** **Kahina écrit une lettre à sa correspondante dans laquelle elle présente sa famille, mais elle répète des mots. Complète la deuxième version. Utilise les pronoms relatifs** *qui* **ou** *que/qu'*.

Ma mère organise souvent <u>des fêtes</u>. <u>Les fêtes</u> plaisent à tout le monde.

Mon père fait des gâteaux. Les gâteaux sont les meilleurs du monde.

Voilà mon petit frère Jules. Jules est fan de voitures.

Voilà ma grande sœur Célestine. Célestine m'énerve le plus au monde!

Une personne de ma famille est Max. Je trouve Max super drôle. C'est mon cousin. J'adore ses blagues.

Sarah est ma cousine. Je préfère ma cousine Sarah.

Et voilà ma grand-mère. Elle me donne toujours des supers conseils.

Ma mère organise souvent des fêtes __qui__ plaisent à tout le monde.

Mon père fait des gâteaux __qui__ sont les meilleurs du monde.

Voilà mon petit frère Jules __qui__ est fan de voitures.

Voilà ma grande sœur Célestine __qui__ m'énerve le plus au monde!

Une personne de la famille __que__ je trouve super drôle, c'est mon cousin Max. J'adore ses blagues.

Sarah est la cousine __que__ je préfère.

Et voilà ma grand-mère __qui__ me donne toujours des supers conseils.

Volet 3
indirekte Teilfrage

**4** **Kahina a des problèmes avec sa mère. Elle en parle avec sa copine. Utilise** *elle dit que, elle veut savoir si* **et** *elle demande si.*

1. Ta musique est trop forte!
2. Est-ce que tu as fait tes devoirs?
3. Tu as eu une bonne note aujourd'hui?
4. Ton jeu vidéo est trop violent.
5. Tu dois ranger ta chambre!
6. Est-ce que tu peux faire les courses?
7. Ton tee-shirt est trop moche!
8. Tu m'entends, Kahina?

1. Ma mère m'énerve. Elle dit que ma musique est trop forte.
2. Elle demande si j'ai fait mes devoirs.
3. Elle veut savoir si j'ai eu une bonne note aujourd'hui.
4. Elle dit que mon jeu vidéo est trop violent.
5. Elle dit que je dois ranger ma chambre.
6. Elle veut savoir si je peux faire les courses.
7. Elle dit que mon tee-shirt est trop moche.
8. Elle demande si je l'entends.

## VOLET 1

### Vocabulaire

CD 15–21 **1** Nicolas Poirier rentre chez lui. Son père zappe d'une chaîne à l'autre. Qu'est-ce qu'il regarde? Écoute et note le numéro dans la bonne case. (▶ Liste des mots, p. 191–192)

| | | | |
|---|---|---|---|
| 3 un documentaire | 2 une série policière | 6 une émission de téléréalité | 1 le journal |
| 4 un divertissement | 7 un magazine | 5 un match de foot | |

### Grammaire

**2 a** C'est samedi. Les copines vont à une fête. Complète par les formes du verbe *croire*. (▶ Verbes, p. 158)

1. Vous croyez que Jules va venir?

2. J'espère! Armelle croit qu'il est amoureux de moi!

3. Mélissa et Lise croient que David va venir avec sa nouvelle copine Emma …

4. Ah, tu crois?

5. Moi, je croyais (*imparfait*) que c'était fini. Il me l'a dit.

6. Ah bon? Et tu l'as cru (*passé composé*)?

**b** Lis encore une fois les phrases de **a** et complète les graffitis. Justifie ta réponse par la bonne phrase de **a**.

**3** Complète les mini-dialogues. Utilise l'impératif avec un pronom. Attention: parfois il faut utiliser la négation! (▶ Repères, p. 88/1)

1. – Ce soir, il y a une émission super, je dois prévenir mes copains. – Eh bien, préviens-les!

2. – Je ne sais pas si je peux rester. Je dois téléphoner à mes parents. – Eh bien, téléphone-leur!

3. – Je voudrais regarder ce film avec vous. – Eh bien, regardons-le!

4. – J'adore cette actrice. Je voudrais lui écrire. – Eh bien, écris-lui!

5. – Je n'ai pas envie d'inviter Marine. – Eh bien, ne l'invite pas!

6. – J'ai envie de manger cette tartine. – Eh bien, mange-la!

7. – Je n'ai pas assez d'argent. Je ne peux pas acheter ce DVD. – Eh bien, ne l'achète pas!

## Regarder et comprendre

DVD **4** Regarde la séquence et retrouve le bon programme. Coche la bonne réponse.

**1** ☐

- TF1 — **New York, unité spéciale** *Série policière*
- France 2 — **Jacques Cartier, monstre ou héros?** *Documentaire-historique*
- CANAL+ — **L'album de la semaine** *Émission musicale*
- arte — **Les choristes** *Film*

**2** ☒

- TF1 — **Toute la musique qu'on aime** *Émission musicale*
- France 2 — **Jacques Cartier, monstre ou héros?** *Documentaire historique*
- CANAL+ — **Braquo** *Série policière*
- arte — **Les choristes** *Film*

**3** ☐

- TF1 — **The voice, la plus belle voix** *Émission musicale*
- France 2 — **Sherlock** *Téléfilm policier*
- CANAL+ — **Mon oncle Charly** *Série*
- arte — **Les cow-boys du Far West** *Documentaire*

## Médiation

**5** Ton/Ta corres veut savoir ce que les Allemands aiment regarder à la télé. Lis cette liste et réponds-lui. Écris dans ton cahier. Utilise *Les Allemands préfèrent ...* et *Ils aiment aussi ...*

Explique de quelle sorte d'émission il s'agit.

**Die Lieblingssendungen der Deutschen**

1. Champions League – *Finale*
2. Tatort
3. Polizeiruf 110
4. Ich bin ein Star – Holt mich hier raus
5. DFB-Pokalfinale
6. In aller Freundschaft
7. Wer wird Millionär?
8. Tagesschau
9. DFB-Länderspiel Deutschland-Frankreich
10. Eurovision Song Contest

# VOLET 2

## Vocabulaire

**1** Souligne l'intrus. (▶ Liste des mots, p. 192–193)

1. Qu'est-ce qu'on ne peut pas sortir? — le chien, l'ascenseur, la poubelle, le vélo
2. Qu'est-ce qu'on ne peut pas passer? — l'aspirateur, le pain, des vacances à la mer, l'escalier
3. Qu'est-ce qu'on ne peut pas descendre? — le chien, la cuisine, les poubelles, les bouteilles
4. Qu'est-ce qu'on ne peut pas mettre dans le lave-vaisselle? — l'aspirateur, l'assiette, le plat, le verre
5. Qu'est-ce qu'on ne peut pas nettoyer? — les vêtements, la maison, la chaîne de télévision, les baskets
6. Qu'est-ce qu'on ne peut pas faire? — la cuisine, l'armoire, le lit, les courses
7. Qu'est-ce qu'on ne peut pas mettre? — une robe, le couvert, les cheveux, les livres sur l'étagère
8. Qu'est-ce que tu ne peux pas ranger? — le lave-vaisselle, la cuisine, l'armoire, la fenêtre

**2** Monsieur Problème et Monsieur Solution discutent. Retrouve les mini-dialogues. Écris-les dans ton cahier. Parfois il y a plusieurs possibilités. (▶ Repères, p. 88 / Qu'est-ce qu'on dit?)

J'en ai marre! — Passe-moi le sucre! — Attends, je vais t'aider!

Je te comprends, mais nous avons presque fini! — Regarde, il est sur la table!

J'ai besoin d'une poubelle! — C'est trop compliqué! — Elle est derrière la porte.

## Écouter

CD 22 **3** Émilie trouve qu'elle travaille plus que ses frères, à la maison. Écoute la discussion deux fois. Qui fait quoi? Coche les bonnes cases.

| | Émilie | Max | Hugo | Mère des enfants | Père des enfants |
|---|---|---|---|---|---|
| faire la cuisine | X | | | X | |
| ranger le lave-vaisselle | X | | | | |
| mettre le couvert | X | | | | |
| passer l'aspirateur | | X | | | |
| sortir le chien | | | X | | X |
| descendre les poubelles | | | X | | |
| nettoyer la salle de bain | X | | | | |
| faire les courses | | | | X | X |
| faire son lit | X | X | X | X | X |

## Grammaire

**4** **C'est la faute des nouveaux voisins. Complète les phrases. Utilise** *c'est / ce sont* ____ *qui/que/qu'*. **(▶ Repères, p. 89/2)**

1. Ce sont les enfants des nouveaux voisins qui laissent leur ballon dans le jardin!
2. C'est à la nouvelle voisine qu' il donne les meilleurs croissants!
3. Ce sont les nouveaux voisins qui passent l'aspirateur le samedi matin.
4. C'est le chien des nouveaux voisins qui cherche toujours la bagarre!
5. Mais c'est avec la fille des voisins que notre fils sort!
6. Bonjour Madame … C'est vous qui avez eu la bonne idée de faire cette fête?

**5** **a** **Madame Leclerc rentre à la maison. Elle demande à sa fille ce qu'elle a fait. Complète. Utilise le passé composé. Fais attention au verbe auxiliaire:** *avoir* **ou** *être***!**

aller   descendre *(2x)*   passer   préparer   prendre   ranger   sortir *(2x)*

***descendre, sortir*** und ***passer*** im ***passé composé***:

| ohne Objekt → Hilfsverb ***être*** | mit Objekt → Hilfsverb ***avoir*** |
|---|---|
| Je **suis** sortie. | J'**ai** sorti le chien. |
| Je **suis** descendue. | J'**ai** descendu la poubelle. |
| Je **suis** passée chez une copine. | J'**ai** passé l'aspirateur. |

**Tipp:**
1. Überlege, welches Verb passt.
2. Gibt es ein Objekt? Markiere es.
3. Welches Hilfsverb musst du verwenden?

À huit heures, je/j' ai pris mon petit-déjeuner, ensuite je/j' ai rangé le lave-vaisselle et je/j' ai passé l'aspirateur. À dix heures, je/j' suis descendue dans la cour pour jouer au ping-pong avec Rose et nous sommes allées faire les courses ensemble à 11 heures. À midi, je/ j' ai sorti le chien, ensuite je/j' ai préparé le repas … Après le déjeuner, je/j' ai descendu les poubelles et je/j' suis sortie au cinéma avec Léonard … Et voilà!

CD 23 **b** **Anna raconte sa journée à sa copine au téléphone. Écoute et note toutes les différences dans ton cahier.**

## Apprendre à apprendre

**6** **a** Quel dessin correspond à quel adjectif?

calme   gentil/gentille   fatigué/e   furieux/furieuse   heureux/heureuse   triste

 triste
 calme
 gentil/gentille
 heureux/heureuse
 fatigué/e
 furieux/furieuse

CD 24 **b** Écoute le dialogue entre Olivier et sa mère. Comment est l'ambiance? Écoute les voix. Écris les adjectifs de **a** dans le bon ordre dans la bonne colonne du tableau. Fais attention à l'accord des adjectifs! (▶ Méthodes, p. 139/11.2)

| | Olivier | la mère |
|---|---|---|
| d'abord: | gentil/calme | fatiguée |
| puis: | triste | furieuse |
| à la fin: | heureux | calme/gentille |

CD 24 **c** Écoute le dialogue encore une fois. Quel est le problème entre Olivier et sa mère? Écris dans ton cahier.

## Écrire

**7** La copine de Ninou (c'est la fille à droite) rentre chez elle et raconte la scène que tu vois dans la bédé. Elle écrit un mail. Écris à sa place 60–80 mots dans ton cahier.

Pense à structurer ton texte.
1. Écris une phrase d'introduction, p. ex. *Aujourd'hui, j'étais ...*
2. Décris la chambre de Ninou en quatre phrases, p. ex. *La chambre de Ninou, c'était l'horreur ...*
3. Raconte ce qui s'est passé avec la mère en 4 à 6 phrases, p. ex. *Tout à coup, sa mère est entrée ...*
4. Écris une phrase pour finir ton texte, p. ex. *Alors, moi ...*

Le guide junior pour avoir un max d'argent de poche, Vents d'Ouest, 2010

1 **tenir qc propre** etw. sauber halten

# VOLET 3

## Lire et comprendre

**1** **Relis le texte p. 82, puis entoure les bonnes fins de phrases.**

1. Nicolas

a fait confiance à son père. **(b)** ne fait pas confiance à son père. c a besoin des conseils de son père.

2. Le père de Nicolas a fait un cadeau à son fils. C'était

a 

**(b)** 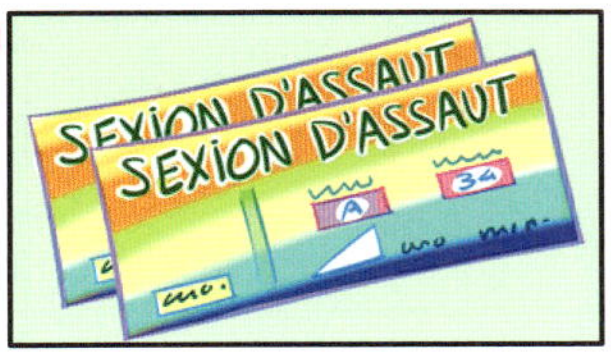


c 

3. Quand il a eu le cadeau, Nicolas était

a  b  **(c)** 

4. En fait, il pense que son père

**(a)** ne le connaît pas bien. b aime les mêmes trucs que lui. c ne s'intéresse pas à ce qu'il fait.

5. Nicolas veut aller en vacances, seul avec des copains. Son père

a trouve que c'est une bonne idée. **(b)** trouve que c'est une mauvaise idée. c ne le sait pas.

## Vocabulaire

**2** **Retrouve les phrases qui veulent dire la même chose ou qui expliquent les phrases de gauche.**
**(▶ Repères, p. 88 / Qu'est-ce qu'on dit?)**

| | | | |
|---|---|---|---|
| J'ai des doutes! | 1 | a | Il faut lui dire tout ce que tu penses de lui! |
| Je trouve ça dégoutant! | 2 | b | Ce n'est pas vrai! |
| Excuse-moi! | 3 | c | Tu n'as pas le droit de faire ça! |
| Tu exagères! | 4 | d | J'attendais autre chose! |
| Dis-lui ses quatre vérités! | 5 | e | C'est moins grave que ce que tu racontes! |
| Vas-y, raconte! | 6 | f | Je ne veux plus vivre comme ça! |
| J'étais étonné. | 7 | g | Tu dois respecter ma vie privée! |
| Tu dis n'importe quoi! | 8 | h | Je t'écoute, dis-moi tout! |
| J'en ai marre! | 9 | i | Je te demande pardon! |
| Tu n'as pas le droit de m'espionner! | 10 | j | Je ne suis pas sûr! |
| Je t'interdis de faire ça! | 11 | k | C'est vraiment dégueulasse! |

1. j 2. k 3. i 4. e 5. a 6. h 7. d 8. b 9. f 10. g 11. c

**3** **a** Qu'est-ce qu'on peut faire avec l'ordinateur? Retrouve les expressions et complète. Parfois, il y a plusieurs possibilités. (▶ Liste des mots, p. 194–196)

le profil de qn   des mails   l'ordinateur de qn   de la musique
aux jeux vidéo   en ligne   une émission   un mot de passe   sur Internet   un commentaire
des photos   le blog de qn   sur son blog   ___

1. être   en ligne, sur Internet
2. écrire   des mails, un commentaire, sur son blog
3. lire   des mails, un commentaire, le blog de qn
4. télécharger   de la musique, une émission, des photos
5. surfer   sur Internet
6. jouer   aux jeux vidéo, en ligne
7. écouter   de la musique, une émission
8. espionner   le profil de qn, l'ordinateur de qn, le blog de qn
9. pirater   le profil de qn, l'ordinateur de qn, le blog de qn

**b** Qu'est-ce qu'on a le droit de faire sur Internet? Qu'est-ce qu'on n'a pas le droit de faire? Note trois idées pour chaque chose. Utilise les expressions de **a**.

✔ Sur Internet, on a le droit de lire ses mails, de faire des commentaires sur le blog des copains, de jouer aux jeux vidéo en ligne.

💣 Mais on n'a pas le droit de pirater l'ordinateur de qn, de pirater le mot de passe des copains, d'espionner les mails de ses parents.

## Écrire

**4** Regarde le dessin. La mère a lu le journal de sa fille. Imagine leur discussion et écris le dialogue. Utilise les expressions de **2** et **3**. Écris dans ton cahier. (▶ Repères, p. 88 / Qu'est-ce qu'on dit?)

## Écouter et comprendre

CD 25–27 **5** Lis d'abord les blogs, puis écoute les dialogues. Qu'est-ce que les jeunes écrivent sur leurs blogs? Coche pour chaque blog la bonne case.

| | | | |
|---|---|---|---|
| Julien  | ☐ Je me suis disputé avec mon père. Il n'aime pas ma copine. | ☐ Je me suis disputé avec mon père. Il était furieux parce qu'il trouve que je ne suis pas assez gentil avec sa nouvelle copine. | ☒ Je me suis disputé avec mon père. Il voulait que je vienne chez lui mais ensuite, il a passé tout son temps au téléphone avec sa nouvelle copine. |
| Samia  | ☐ Je me suis disputée avec ma mère parce qu'elle n'aime pas Valérie, ma nouvelle meilleure copine. | ☒ Je me suis disputée avec ma mère parce que j'ai passé la soirée chez Victor et pas chez Valérie. | ☐ Je me suis disputée avec ma mère parce que j'ai chatté jusqu'à minuit avec Valérie et que je n'ai pas préparé l'interro d'anglais. |
| Lucile  | ☐ Je me suis disputée avec mon frère parce qu'il ne fait rien à la maison et veut que je fasse des trucs pour lui. | ☒ Je me suis disputée avec mon frère parce qu'il veut dire à mes parents que j'ai des problèmes en anglais. | ☐ Je me suis disputée avec mon frère parce qu'il ne va plus à son club d'athlétisme. |

## Grammaire

**6** Louis et sa mère se sont disputés à cause de l'ordinateur. Ils ne se parlent plus. Le père veut les aider. Utilise *se demande si/comment/__, veut savoir si/pourquoi/__.* (▶ Repères, p. 89/3)

1. Pourquoi est-ce qu'il passe des heures devant son ordinateur?
2. Avec qui est-ce qu'il chatte toute la nuit?
3. Quand est-ce qu'il va comprendre mes arguments?

4. Pourquoi est-ce qu'elle m'espionne?
5. Combien de temps est-ce qu'elle va m'interdire de jouer sur mon ordi?
6. Est-ce qu'elle a piraté mon mot de passe?

**a** Le père explique à la mère ce que Louis pense.

4. Louis se demande pourquoi tu l'espionnes.

5. Il se demande combien de temps tu vas lui interdire de jouer sur son ordi.

6. Il veut savoir si tu as piraté son mot de passe.

**b** Le père explique à Louis ce que sa mère pense.

1. Ta mère veut savoir pourquoi tu passes des heures devant ton ordinateur.

2. Elle se demande avec qui tu chattes toute la nuit.

3. Elle veut savoir quand tu vas comprendre ses arguments.

## Parler

**7 a** Imagine: tu veux sortir avec tes copains dimanche. Ton père / Ta mère ont d'autres projets pour le week-end. Préparez les rôles. Qui est A et qui est B? Utilisez les expressions de 2. (▶ Repères, p. 88 / Qu'est-ce qu'on dit?)

| **Partenaire A** (Toi) | **Partenaire B** (Ton père / Ta mère) |
|---|---|
|  |  |
| – sagt, dass er/sie am Sonntag nicht da ist. Er/sie ist bei Jean. | – bittet das Gesagte zu wiederholen. |
| – sagt, dass er/sie mit Marie und Jean zu einem Basketballturnier gehen wird. Am Abend wollen sie bei Jean einen Film gucken. | – lehnt ab. Am Wochenende hat die Oma Geburtstag. Dort will die Familie hinfahren und **A** soll mitkommen. |
| – unterbricht **B** und sagt, dass er/sie nicht kann. Er/Sie hat Marie und Jean versprochen dahinzugehen und möchte es nicht verpassen. | – möchte ausreden dürfen. Sagt **A**, dass sie nichts mehr zusammen machen, weil **A** immer mit Freunden unterwegs ist. |
| – weist den Vorwurf zurück. Sagt, dass er/sie gestern mit Oma telefoniert hat. | – will Zeit gewinnen, um seine/ihre Gedanken zu sortieren. Er/sie schlägt vor, am Vormittag zur Oma zu fahren, damit **A** am Nachmittag zum Basketballturnier gehen kann. |
| – ist einverstanden. | |

**b** Échangez les rôles.

## 1 Qu'est-ce qu'on dit?

**a Tu t'es disputé/e avec ton/ta corres. Comment est-ce que tu dis cela en français? Écris dans ton cahier.**

1. Sage, dass es dir reicht.
2. Sage, dass er nicht das Recht hat, dein Passwort zu hacken.
3. Frage ihn, ob er es wirklich wissen will.
4. Sage ihm, dass er lügt.
5. Du fragst dich, was du gemacht hast.
6. Sage, dass das abscheulich ist.
7. Bitte ihn, nicht in diesem Ton mit dir zu reden.
8. Sage, was für ein Quatsch das ist.
9. Entschuldige dich.

**b Les tâches ménagères, ce n'est pas toujours drôle. Retrouve les mini-dialogues.**

☐ C'est vrai, ce n'est pas drôle, mais ne râle pas tout le temps s'il te plaît.

☐ Il y a trop de travail.

☐ Nettoyer la salle de bain, c'est trop pénible.

☐ Oui, nous avons beaucoup de choses à faire, mais on va s'organiser.

**c Imagine un autre mini-dialogue comme en b avec des phrases de a.**

– ______________________________

– ______________________________

## 2 L'impératif avec des pronoms

**Continue les phrases suivantes avec le verbe de la liste qui convient. Utilise l'impératif avec un pronom.**

dire la vérité à qn   faire confiance à qn   ne pas croire qn   parler à qn   se dépêcher   s'excuser

1. Tu ne peux pas mentir à ta mère. ______________________________!
2. Les autres nous attendent. ______________________________!
3. Tu lui as fait mal. ______________________________!
4. Tes parents veulent comprendre ce que tu penses. ______________________________!
5. Je te dis la vérité. ______________________________!
6. Jacques ment. ______________________________!

Solutions, p. 78

## 3 La mise en relief

**C'est à cause de David que sa mère est furieuse. Qu'est-ce qu'elle lui dit? Utilise la mise en relief.**

1. Tu as laissé tes affaires dans la salle de bains? ______
2. Ton jean est au milieu du salon! ______
3. Tu fais tes devoirs à cette heure?! ______
4. Tu travailles avec cette musique?! ______
5. Tu as ton interro de maths demain! ______
6. Je dois tout faire ici. ______

## 4 L'interrogation indirecte | Die indirekte Frage

**Tu es dans une auberge de jeunesse française avec ta classe. Tes copains ont beaucoup de questions, mais le directeur ne comprend pas l'allemand. Pose les questions et utilise l'interrogation indirecte.**

1. Il demande ______
2. ______
3. ______
4. ______
5. ______
6. ______

## 5 Les verbes

**Complète les phrases par des formes du verbe *croire* au présent, à l'imparfait ou à l'impératif.**

1. Je ______ que j'ai oublié mes devoirs à la maison.
2. Vous ne ______ pas qu'on pourrait regarder autre chose?
3. Le bon chemin, c'est par ici. ______-moi.
4. Avant, je ______ que le Père Noël existait vraiment.



Solutions, p. 78

# Tu es en forme pour l'unité 5? facultatif

Vorbereitung auf:

Volet 1
Wortfeld
Wetter

**1 a** Quel temps est-ce qu'il fait? Retrouve les phrases et note-les à côté du bon dessin. Parfois il y a plusieurs possibilités.

Il fait cadhu. Il giene.
Il fait aube. Il y a du tven.
Il y a du lisole.
Il èlge. Il tuple.
Il fait drifo.

1 
Il fait beau. / Il y a du soleil.

2 
Il pleut.

3 
Il y a du vent.

4 
Il y a du soleil. / Il fait beau.

5 

Il fait chaud.

6 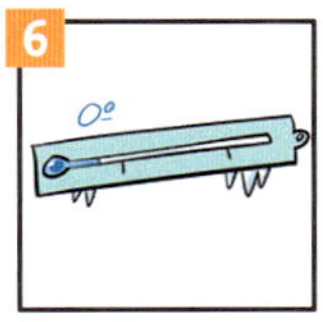
Il fait froid. / Il gèle.

7 
Il gèle. / Il fait froid.

8 
Il neige. / Il fait froid.

**b** Quel temps fait-il chez toi maintenant? Quel temps faisait-il la semaine dernière / à ton anniversaire / ___? Écris quatre à six phrases. Utilise les phrases de **a**.

Volet 1
Wortfeld
Ferien

**2** Les jeunes parlent de leurs vacances. Qu'est-ce qui va ensemble? Trouve une expression et complète les phrases.

c'est cool t'accompagner ça ne me plaît pas du tout se mettre d'accord sur le programme me donne envie d'y aller partir avec ma famille prendre mon temps dormir sous la tente

1. Les nuits au camping, c'est trop cool! J'adore dormir sous la tente!
2. Je n'aime pas beaucoup les vacances au bord de la mer au mois de juillet! La plage, quand il y a beaucoup de monde, ça ne me plaît pas du tout!
3. Nous devons discuter: Qu'est-ce que vous voulez faire? Il faut se mettre d'accord sur le programme.
4. Les vacances avec les parents, je suis contre! Je déteste partir avec ma famille.
5. Je veux être tranquille. J'aime prendre mon temps.
6. Quand je vois cette photo, je voudrais aller à Paris! Cette affiche me donne envie d'y aller.
7. Tu vas à la campagne ce week-end? Je pourrais peut-être t'accompagner.
8. Les randonnées dans la nature, ça me plaît! La montagne, c'est cool!

Volet 1
Pronomen
*en (local)*

**3** **Où est-ce que tu voudrais passer tes vacances? Dis pourquoi tu ♥♥ / ♥ / 💔 / 💣 ces endroits. Complète et utilise le pronom *y*.**

1. J'aime les festivals de musique parce qu'on peut y écouter plein de groupes.
2. J'aime la ville parce qu'on peut y faire du shopping.
3. J'aime la montagne parce qu'on peut y faire des balades.
4. J'adore la mer parce qu'on peut s'y baigner.
5. Je n'aime pas la campagne parce qu'on n'y voit personne.
6. Je déteste les musées parce qu'il y a trop de gens.
7. J'adore la plage parce qu'on peut y jouer au beach-volley.

Volet 1
Frage-
pronomen
*lequel*

**4 a L'acteur français Kev Adams présente son nouveau film dans un cinéma près de chez toi. Tu prépares des questions pour le journal de ton école. Complète les questions avec une forme de *quel*.**

| | |
|---|---|
| **quel** livre | **quelle** couleur |
| **quels** vêtements | **quelles** chansons |

1. Dans quelle école est-ce que vous êtes allé?
2. Quel genre d'élève est-ce que vous étiez?
3. Quels styles de musique est-ce que vous écoutez chez vous?
4. Quelles sont vos bédés préférées?
5. Avec quelle actrice est-ce que vous voulez jouer?

CD
28

**b Écoute l'interview. Que répond Kev Adams aux questions de a? Note les réponses dans ton cahier.**

Volet 2
*savoir,*
*venir de,*
*faire qc*

**5** **Astrid veut aller chez Franck. Complète par *savoir* ou *venir* à la forme qui convient.**

**Théo:** Salut Astrid, on est chez Franck ... Tu viens?

**Astrid:** Euh oui ... je voudrais venir ... mais ... est-ce que tu sais quel métro je dois prendre?

**Théo:** Non, je ne sais pas ... Attends, peut-être que les autres le savent.

**Théo:** Allô Astrid ... écoute ... Le père de Franck a du temps, alors nous venons te chercher tous ensemble, d'accord?

**Astrid:** D'accord! C'est super sympa! Vous savez quand vous arrivez?

**Théo:** Dans une demi-heure, on est chez toi. À plus!

## VOLET 1

### Lire et comprendre

**1** Relis le texte dans ton livre, p. 96–97. Quel jeune a écrit quelle carte? Écris le nom qui convient.

**2** *Chère maman,*
*il fait un peu froid pour les activités sur l'eau mais j'adore les balades en forêt où on doit trouver des trésors! L'ambiance est super, j'ai des nouveaux copains et on veut tous revenir l'année prochaine! À plus,* Léane

**1** *Salut petite sœur!*
*Cette année le temps n'est pas aussi beau que l'année dernière, mais la Bretagne est quand même géniale! Et toi, ça va à la maison avec les parents? Je t'embrasse* Malik

**4** *Chère mamie,*
*Grosses bises de nos vacances à la mer. Papa et maman t'embrassent aussi!*
Grégory *qui t'aime!*

**3** Cher papa, chère maman,
Je fais des randonnées dans la montagne et je m'amuse bien. J'ai même observé des animaux avec des jumelles! C'est encore mieux que l'année dernière! Bisous Olivia

**5** *Salut Riri,*
*alors, pas trop de stress dans ta colo? Moi, je passe des journées très tranquilles chez mes cousins et ça me plaît!*
*Salut!* Noémie

### Vocabulaire et expression

**2 a** En colo, on peut faire du sport. Écris les mots dans le tableau. (▶ Liste des mots, p. 196–198)

| | faire |
|---|---|
| sport de montagne | du parapente, de la randonnée, du ski, du VTT, de l'escalade |
| sport d'équipe | du rugby, du handball, du hockey sur glace, du foot, du beach-volley |
| sport sur ou dans l'eau | de la natation, du kayak, du surf, de la voile, de l'aviron |
| autre | de l'athlétisme, de la boxe, du ping-pong, du vélo, du roller, du skate-board, du parkour, de l'équitation, du tennis, de la danse, du géocoaching, de l'accrobranche |

**b** Et toi, quels sports est-ce que tu fais/aimes? Utilise les mots de a. Écris dans ton cahier.

## Grammaire

**3** **De quoi est-ce qu'ils parlent? Complète les phrases en-dessous des dessins.** (▶ Repères, p. 106/1)

1

«J'y vais chaque année.»

2

«J'en suis ressortie avec beaucoup de vêtements.»

3

«On y trouve des tableaux très célèbres.»

4

«J'en suis revenu fatigué.»

5

«Samedi prochain, j'y retourne.»

6

«J'en suis parti à 18 heures.»

1. Elle va chaque année ___en colonie de vacances___.
2. Elle est ressortie ___du magasin___ avec beaucoup de vêtements.
3. On trouve des tableaux très célèbres ___au musée___.
4. Il est revenu fatigué ___de l'accrobranche___.
5. Samedi prochain, elle retourne ___à l'opéra___.
6. Il est parti ___de la plage___ à 18 heures.

**4** **Olivia est fan de colo. Elle y va depuis huit ans. Elle raconte ses expériences. Souligne les noms qu'elle remplace. Puis complète avec le pronom *en* ou *y*.** (▶ Repères, p. 106/1)

Ma première colo était en Alsace. J'_y_ ai rencontré une fille super sympa: Adeline. Un an après, je suis allée dans les Cévennes, à la colo Beau Regard. C'était génial. J'_y_ suis retournée encore trois fois et chaque fois, j'_en_ suis revenue avec des super souvenirs. Ensuite, j'ai fait une colo en Bretagne. On a visité la cathédrale de Quimper avec un guide très bizarre. Quand on _en_ est ressortis, on n'arrêtait pas de rigoler! Après, on a passé une semaine à Concarneau dans une école de voile. On _y_ a fait des trucs formidables! Cette année, j'ai choisi une colo camping et randonnée dans les Pyrénées. J'_y_ ai passé deux semaines sympas, mais après je suis tombée pendant une balade à Gavarnie et j'_en_ suis revenue avec un bras cassé[1]!

[1] **cassé/e** *adj.* gebrochen

**5** **C'est l'arrivée à la colo. Il faut s'organiser. Complète les questions par** *lequel, laquelle, lesquels* **ou** *lesquelles*. **(▶ Repères, p. 107/2)**

1. – Je prends le lit à côté de la fenêtre!

   – Lequel?

2. – Tu as vu les garçons, là-bas, dans la cour?

   – Lesquels? Il y a un tas de garçons dans la cour!

3. – Ce n'est pas possible, les coordonnées ne sont pas bonnes!

   – Attends, lesquelles?

4. – Tu peux nous chanter une chanson d'Amy Winehouse?

   – Bien sûr! Mais laquelle?

## Médiation

**6** **a** **Ton/Ta corres qui habite à Nantes te propose de l'accompagner en colo pendant les vacances de printemps. Il/elle a choisi la colo «Opération Robinson». Tu montres les informations à tes parents et tu réponds à leurs questions. (▶ Méthodes, p. 149/29)**

1. Was ist das Thema des Feriencamps?
2. Was werdet ihr im Feriencamp machen?
3. Wo findet das Feriencamp statt?
4. Wie alt muss man sein?
5. Wie viel kostet es?
6. Wie viele Betreuungspersonen gibt es pro Teilnehmer?

**b** **Est-ce que tu as envie d'y aller? Pourquoi (pas)? Écris un mail à ton/ta corres.**

# VOLET 2

## Lire et comprendre

**1** **Relis le texte, p. 100–101. Fais ce quiz. Note les noms avec l'article défini ou indéfini.**

1. C'est un dessert qu'on fait avec des œufs, de la farine et du lait et qu'on mange très souvent en Bretagne!
   d e s c r ê p e s
2. C'est la couleur de la côte entre Trégastel et Ploumanac'h.
   r o s e
3. C'est une personne célèbre qui a son rocher dans la forêt de Paimpont.
   M e r l i n
4. Ce sont des pierres très hautes et très vieilles qu'on trouve souvent en Bretagne. Obélix en porte souvent!
   d e s
   m e n h i r s
5. C'est la capitale de la Bretagne, on y trouve le parlement et un tas d'endroits intéressants à visiter!
   R e n n e s
6. C'est le nom d'un corsaire très célèbre qui a habité à Saint-Malo.
   S u r c o u f
7. C'est une tour sur la côte avec une grande lampe pour signaler les rochers aux bateaux la nuit.
   l e p h a r e
   M e n R u z

## Vocabulaire et expression

**2** **Est-ce que tu connais la Bretagne? Complète le dessin.** (▶ Liste des mots, p. 198–200)

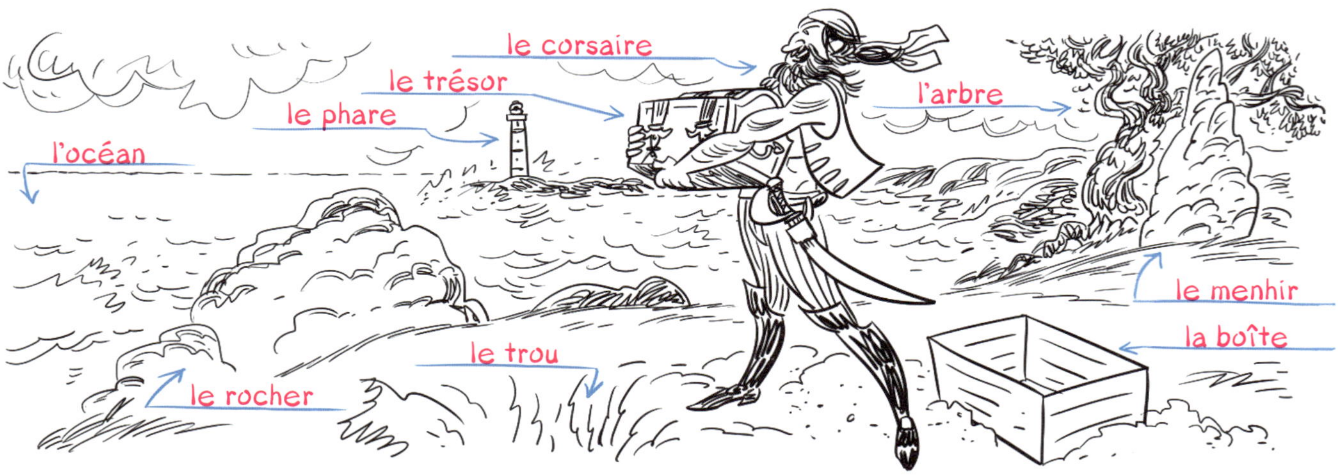


**3** **C'est le départ pour la colo! Complète les phrases par les formes des verbes** *pouvoir* **ou** *savoir*.

1. Mon fils ne doit pas aller dans l'eau, il ne ___sait___ pas nager.
2. C'est la catastrophe! J'ai oublié mes lunettes! Je ne ___peux___ rien lire.
3. Est-ce que vous ___savez___ à quelle heure le car va arriver?
4. Ma fille n'aime pas dessiner. Elle ne va pas ___pouvoir___ faire l'atelier de manga.
5. Au revoir mon chéri, tu ___peux___ m'appeler quand vous arrivez?
6. Allez les jeunes, vous ___pouvez___ monter dans le car.

## Regarder et comprendre

DVD **4** Regarde la séquence. Où est-ce que Léonie va passer ses vacances? Justifie ta réponse.

## Grammaire

**5** L'animateur de la colo est amoureux! Il appelle sa copine six fois par jour et il lui dit ce qu'il vient de faire et ce qu'il est en train de faire. Utilise les verbes de l'encadré. Écris dans ton cahier.
(▶ Repères, p. 107/3–4)

chanter autour du feu · se lever · découvrir les menhirs · t'écrire une carte · finir le dessert · faire les courses · faire un pique-nique · jouer au foot · préparer le repas · se coucher · prendre le petit-déjeuner · sortir du bus

**Exemple:**
1. On vient de se lever et on est en train de …

**6** Il y a beaucoup de monde au café. Complète les phrases avec les bonnes formes des verbes *boire* et *pleuvoir*. Utilise le présent et le passé composé. (▶ Verbes, p. 158–159)

Mais dites donc! Il ___pleut___ dehors! ___Buvez___ un chocolat chaud!

Et votre chien, qu'est-ce qu'il ___boit___ ?

Je ___bois___ de l'eau.

– Qu'est-ce qu'ils ___boivent___ à côté?
– Je ne sais pas … Je crois qu'il faut être courageux pour ___boire___ ça!

Il ___a___ beaucoup ___plu___ hier, mais aujourd'hui, il fait beau!

Les enfants, ça suffit, vous ___avez___ déjà trop ___bu___ trois coca!

## Apprendre à apprendre

**7 a** Toi et les dictionnaires, ça fait deux? Entraîne-toi. Cherche les mots suivants dans un dictionnaire en ligne. Écoute la prononciation et répète les mots. Attention: parfois il faut rechercher plusieurs mots. (▶ Méthodes, p. 137/5)

1. l'excursion *f.*
2. le gouffre
3. le parc national
4. la soirée disco
5. la foire
6. la chasse au trésor
7. la randonnée nocturne
8. le feu de camp
9. le jeu «action ou vérité»
10. la mine

CD 29

**b** La chaîne à l'envers[1]. Écoute et répète les phrases pour entraîner ta prononciation. Attention: elles commencent par la fin! (▶ Méthodes, p. 140/14.1)

1 la chaîne à l'envers Rückwärtskette

## Parler

**8 a** Tu es chez ton/ta corres en France. Vous voulez faire une activité. Qui est A et qui est B?

| **Partenaire A** (Toi) | **Partenaire B** (Ton/Ta corres) |
| --- | --- |
| – fragt **B**, was sie unternehmen werden. | – schlägt vor, einen Comic-Workshop zu machen. |
| – sagt, dass er/sie nicht besonders gerne zeichnet. Aber er/sie macht gerne Sport. | – fragt, was **A** machen möchte. |
| – antwortet, dass er/sie gerne im Hochseilgarten Baumklettern geht. | – antwortet, dass es nicht möglich ist. Sie können stattdessen schwimmen gehen. |
| – er/sie hat heute keine Lust darauf. | – fragt, worauf **A** Lust hat. |
| – antwortet, dass er/sie gerne Rätsel löst und gerne in der Natur ist. | – schlägt vor, im Wald Geocaching zu machen. |
| – findet die Idee super. Schlägt vor, danach ein Picknick im Wald zu machen. | – ist einverstanden. |

**b** Échangez les mots soulignés par d'autres et recommencez. Échangez les rôles.

## Écrire

**9** Voilà des photos de l'album de vacances de Léane/Léandre. Mets-toi à sa place. Tu écris une lettre à ta grand-mère dans laquelle tu racontes ce que tu as fait pendant les vacances.

## 1 Vocabulaire

**a Le quatrième mot. Trouve le mot qui manque et note-le.**

heureux – malheureux facile – ______

la nourriture – manger la boisson – ______

la pomme – les fruits les baskets – ______

partir – le départ découvrir – ______

le prof – l'école le clown – ______

le foot – le ballon l'équitation – ______

la montagne – la vallée la ville – ______

le déjeuner – le dîner la journée – ______

la pierre – le rocher la mer – ______

la neige – neiger la pluie[1] – ______

1 **la pluie** der Regen

**b Madame Lecouëdic a fait une découverte bizarre dans sa poubelle. Elle raconte l'histoire à son amie. Complète par les mots suivants.**

autour donc environ sûr sûrement tout de suite vides vraiment

Il était ______ quatre heures quand j'ai vu une personne bizarre dans la cour. Je ne sais pas ______ ce qu'elle faisait, mais elle tournait ______ des poubelles, ça, c'est ______! Je suis descendue pour voir, mais quand je suis arrivée, elle est partie ______. J'ai pensé: «elle a ______ caché un truc horrible dans la poubelle parce qu'elle est repartie les mains ______!» C'était trop bizarre. J'ai ______ ouvert la poubelle et j'ai trouvé cet objet incroyable!

**c Quelle image correspond à l'histoire?**

1

2

3

Solutions, p. 79

## 2 *être en train de* + infinitif / *venir de* + infinitif

**Complète les phrases avec** *être en train de* **ou** *venir de.*

*construire* un château

1. ______________________________

2. ______________________________

*faire* un gâteau au chocolat

3. ______________________________

4. ______________________________

## 3 Le pronom *en*

*Y* **ou** *en*? **Complète les mini-dialogues.**

1. – Vous connaissez le parc du Thabor?
   – Oui, on ______ est allé, c'était super!
2. – Vous avez déjà vu la côte vers Trégastel?
   – Oui, on ______ revient, c'est magnifique!
3. – Il y a un film sur Surcouf au cinéma!
   – Oui, j'______ vais ce soir avec ma sœur!
4. – Ce restaurant a l'air sympa ...
   – Oui ... mais quand on ______ sort, on a encore faim!

## 4 Le pronom interrogatif *lequel/lesquels/laquelle/lesquelles*

**Bécassine est un célèbre personnage breton. Elle va à Paris pour travailler chez des gens riches, mais elle ne comprend pas toujours très bien et a beaucoup de questions. Complète par** *lequel.*

1. Je dois prendre un train pour aller à Paris mais ______________________?
2. Je dois acheter des légumes mais ______________________?
3. Je dois ranger la chambre mais ______________________?
4. Je dois préparer des activités pour les enfants mais ______________________?



Solutions, p. 79

# Si ça continue comme ça, ...!

**1** Au 22e siècle, tout sera différent. Complète les phrases par des formes au futur simple. (▶ p. 109/4)

1. On ____travaillera____ *(travailler)* dans plusieurs pays à la fois et on ____parlera____ *(parler)* dix à douze langues!
2. Le téléphone et le portable n'____existeront____ plus *(exister)* et on ____téléphonera____ *(téléphoner)* avec des «nanophones» qui ____auront____ *(avoir)* des casques.
3. Les gens ne ____sortiront____ plus *(sortir)* pour faire leurs courses et ils ____partiront____ *(partir)* en vacances dans des voitures volantes[1].
5. Nous ____habiterons____ *(habiter)* peut-être sur d'autres planètes[2] et nous ____lirons____ *(lire)* l'avenir[3] sur des tablettes.

1 **la voiture volante** das fliegende Auto 2 **la planète** der Planet 3 **l'avenir** *m.* die Zukunft

**2 a** Le dernier jour au collège, Léonard prend des bonnes résolutions[1] pour l'année prochaine. Complète ce qu'il dit par des formes des verbes suivants au futur simple. (▶ p. 109/4)

attendre aller avoir vouloir écouter être faire finir lire prendre

1 **prendre des bonnes résolutions** gute Vorsätze fassen

1. Je ____ferai____ mes devoirs tous les jours.
2. Oui, je ____voudrai____ faire des d'efforts!
3. J'____écouterai____ les profs.
4. Je n'____aurai____ plus de 0 sur vingt en maths.
5. Je ____serai____ plus sympa avec les autres.
6. Je ____lirai____ plus de livres.
7. Je ____finirai____ ce que j'ai commencé!
8. J'____attendrai____ ma sœur après les cours.
9. Je ____prendrai____ le bus avec elle.
10. J'____irai____ au CDI une fois par semaine.

**b** Dédé et Jojo sortent de prison. Quelles sont leurs bonnes résolutions pour l'avenir[3]? Imagine. Écris au moins six phrases comme en **a** dans ton cahier. Utilise le futur simple.

3 **l'avenir** *m.* die Zukunft

CD 30 **3** Tu es en Bretagne. Comment sera le temps demain? Écoute le bulletin météo et coche le bon dessin.

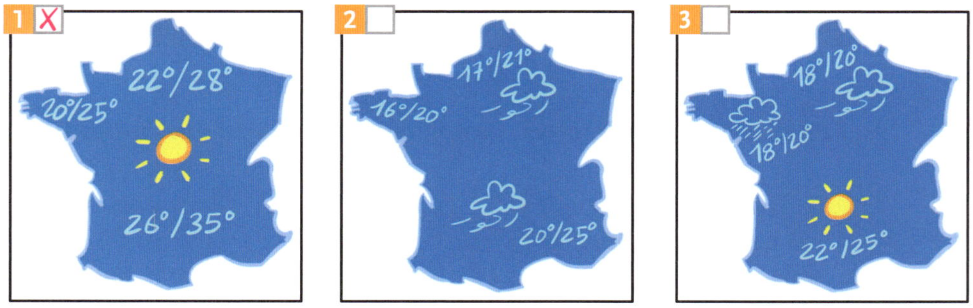


**4** Les Gautier parlent de ce qu'ils veulent faire demain. Qu'est-ce qu'ils disent? Complète les phrases. Utilise le présent et le futur simple. (▶ p. 109/5)

1. S'il __fait__ beau, nous __irons__ à la plage. (faire / aller)
2. S'il y __a__ des belles vagues, vous __pourrez__ faire du surf. (avoir / pouvoir)
3. Et s'il __pleut__, eh bien, nous __resterons__ au camping et les enfants __joueront__ aux cartes ... (pleuvoir / rester / jouer)
4. Si vous __voulez__, on __passera__ la journée à Brest. (vouloir / passer)
5. Si on __a__ le temps, on __achètera__ des souvenirs. (avoir / acheter)

**5** Des jeunes sont en colonie de vacances. Qu'est-ce qu'ils disent? Écris les phrases conditionelles dans ton cahier. (▶ p. 109/5)

1. nous / faire – faire beau?
2. faire beau – nous / jouer au beach-volley
3. vous / être d'accord – on / jouer au beach-volley
4. nous / avoir assez d'argent – nous / manger une glace

5. nous / faire – pleuvoir?
6. pleuvoir – nous / aller à Saint-Malo
7. on / visiter / la Maison du Québec – elle / être ouvert
8. on / prendre le bateau – on / avoir le temps

**6** Trouve, pour chaque début de phrase, trois fins possibles. Écris dans ton cahier. (▶ p. 109/5)

1. Si ça continue comme ça, je pars sans toi.

1. Si ça continue comme ça, ___.
2. Si tu veux, ___.
3. Si ___ n'est pas là dans cinq minutes, ___.
4. On peut aller au cinéma si/s' ___.
5. Je viendrai te voir si/s' ___.
6. Si j'ai assez d'argent, ___.

## Unité 1 (Fais le point, S. 18–19)

**1** (Beispielsätze)
1. À sept heures et demie, je me lève.
2. À sept heures quarante, je prends ma douche.
3. À huit heures moins le quart, je m'habille.
4. À huit heures moins cinq, je me dépêche d'aller à l'école parce que c'est un peu tard.

Wenn du Schwierigkeiten hattest:
- ▶ Übe noch einmal die Rubrik *Qu'est-ce qu'on dit?* in den *Repères* auf S. 23.
- ▶ In den *Repères* auf S. 161 kannst du die Konjugation der reflexiven Verben nachlesen.
- ▶ Löse dann die Förderübung im Beiheft, S. 2/1.

**2**

| | |
|---|---|
| A1 | F5 |
| B8 | G3 |
| C2 | H7 |
| D6 | I4 |

**3**
– Vous êtes déjà allés au Louvre?
– Oui, nous **y avons** vu la Joconde, mais il y avait trop de monde!
– Alors on **peut y retourner** aujourd'hui!
– D'accord! Et après, on pourrait aussi aller à Belleville!
– À Belleville? Je ne sais pas ... Qu'est-ce que tu **veux y visiter**?
– C'est un quartier sympa. On **y trouve** des boutiques de tous les styles!

- ▶ Lies dir noch einmal die *Repères* auf S. 24/1 und löse dann die Förderübungen im Beiheft, S. 3/3.

**4**
Quand j'**étais** petit, nous **habitions** rue Beaubourg, dans le premier arrondissement. Le quartier des Halles comme il est aujourd'hui et le Centre Pompidou n'**existaient** pas encore, mais le quartier **était** déjà très animé. Il y **avait** des vendeurs à tous les coins de rue qui vous **vendaient** tout ce que vous **vouliez**! On **pouvait** acheter des fruits et des légumes.

- ▶ Schau dir den Abschnitt 2 der *Repères* auf S. 25 noch einmal an.
- ▶ Löse dann die Förderübung im Beiheft, S. 4/4.

**5**
C'**était** une belle journée de printemps. Des ouvriers de la ville de Paris **travaillaient** sous le pont Neuf. Tout à coup, ils **ont vu** quelque chose qui **bougeait** dans un coin. Ils **ont regardé** et ils **ont découvert** un animal. C'**était** un crocodile d'un mètre de long qui les **attendait** là! Ils **ont eu** très peur! Mais heureusement, l'animal **n'a pas agressé** les hommes. Les ouvriers **ont appelé** le zoo.

- ▶ In den *Repères* auf S. 25/3 kannst du nachlesen, wie eine Geschichte in der Vergangenheit erzählt wird.
- ▶ Löse dann die Förderübung im Beiheft, S. 4/5.

**6**
1. Moi, je **cours**!
2. Elle **suit** ses chiens!
3. Ils **construisent** un château.

- ▶ Schlage die Konjugation der Verben *suivre, courir* und *construire* auf den Seiten 158 und 160 nach.
- ▶ Lerne die Konjugation auswendig. Du kannst auch die Verbkartei aus deinem Arbeitsheft (S. 24 im Förderheft und auf der CD-ROM) verwenden.
- ▶ Löse anschließend die Förderübung im Beiheft, S. 5/6.

## Unité 2 (Fais le point, S. 33–34)

**1** 1b; 2b; 3a; 4a; 5b; 6b; 7a; 8b

Wenn du Schwierigkeiten hattest:
▶ Übe noch einmal die Rubrik *Qu'est-ce qu'on dit?* in den *Repères* auf S. 23.
▶ Löse dann die Förderübung im Beiheft, S. 6/1.

**2** l'amitié: la confiance, s'éclater, prendre la défense de qn, parler sérieusement, ne pas décevoir qn, aider qn
un film: les acteurs, l'acteur/l'actrice, l'histoire, la scène, drôle, ennuyeux/ennuyeuse, réaliste
un livre: le narrateur/la narratrice, le roman (d'amour, de fantasy ...), le thème, l'auteur/e, l'histoire, réaliste, les personnages principaux, ennuyeux/ennuyeuse, drôle

▶ Übe die Vokabeln und ihren Artikel mit Hilfe der Wortliste auf S. 176–181, in dem du immer eine rechte Spalte abdeckst.
▶ Löse dann die Förderübung im Beiheft, S. 6/2.

**3** autrement, facilement, heureusement, ouvertement, tristement, vraiment
1. Alors, vous avez trouvé **facilement** le chemin?
2. Ce livre parle d'une famille **heureuse**.
3. Il faut dire **ouvertement** ce que tu penses.
4. Tu veux bien chanter une **autre** chanson?
5. Arrêtez! Vous êtes **vraiment** pénibles!
6. Lucas a regardé **tristement** son amie qui partait.

▶ Die Bildung der Adverbien kannst du auch in den *Repères* auf S. 44/1 nachschlagen.
▶ Löse dann die Förderübung im Beiheft, S. 7/3.

**4**
1. le personnage principal
2. une vie normale
3. des amis géniaux
4. des vacances idéales

▶ Schau dir den Abschnitt 2 der *Repères* auf S. 45 noch einmal an.
▶ Löse dann die Förderübung im Beiheft, S. 8/4.

**5** Qui est cette fille **avec laquelle** Saïd parle?
Ce sont les deux villes **dans lesquelles** vivent beaucoup de jeunes.
J'aime les gens **sur lesquels** on peut compter!
C'est un film **pendant lequel** on s'ennuie terriblement!
Chloé et Mario sont des amis **sans lesquels** je ne fais rien!

▶ Lies noch einmal die *Repères* auf S. 45/3.
▶ Löse dann die Förderübung im Beiheft, S. 8/5.

**6** Tu es triste à cause de **ce que** je t'ai dit?
C'est super cool ici! Je peux faire **ce qui** me plaît.
Je ne comprends pas **ce qui** les dérange.
Et tu sais **ce que** cet idiot m'a répondu?

▶ Schau dir den Abschnitt 4 der *Repères* auf S. 45 noch einmal an.
▶ Löse dann die Förderübung im Beiheft, S. 9/6.

**7**
1. Autrefois, je **vivais** à Marseille, maintenant, je **vis** à Paris.
2. – Alors, le film vous **a plu**, hier soir?
   – Oui! Les films de Dany Boon nous **plaisent** toujours!
3. – Pourquoi est-ce que vous **riez** comme ça? Vous **savez** que ça m'énerve? – Tu n'es pas drôle, tu ne **ris** jamais! Tu nous **déçois**.

▶ Wiederhole die Verbkonjugation mit Hilfe der Verbliste auf den Seiten 158–160.
▶ Du kannst für jedes neue Verb eine Verbkartei anlegen (S. 24 im Förderheft und auf der CD-ROM).
▶ Löse dann die Förderübung im Beiheft, S. 9/6.

## Unité 3 (Fais le point, S. 48–49)

**1** 1. Le Québec est la plus grande province du Canada et compte huit millions d'habitants. 2. Québec est la capitale et Montréal est la plus grande ville. 3. La langue officielle est le français et 83% des Québécois sont francophones. 4. Au Nunavik, les Inuits parlent inuktitut et anglais. Ils apprennent le français à l'école.

Wenn du Schwierigkeiten hattest:
▶ Lies die Texte der *Unité* 3 noch einmal durch und finde die passenden Ausdrücke.
▶ Übe noch einmal die Rubrik *Qu'est-ce qu'on dit?* in den *Repères* auf S. 66.
▶ Löse dann die Förderübung im Beiheft, S. 10/1.

**2** les animaux: le caribou, l'ours noir, l'ours blanc, la baleine; la nature/géographie: la forêt, les lacs, les rivières, l'été indien; les activités: la balade en traîneau à chiens, la pêche sur glace, le ski de fond, le hockey sur glace; les spécialités: la poutine, le sirop d'érable, la soupe aux pois; le climat: –30°, geler, la neige, le froid

▶ Übe die Vokabeln und ihren Artikel mit Hilfe der Wortliste auf S. 182–190, in dem du immer eine rechte Spalte abdeckst.
▶ Löse dann die Förderübung im Beiheft, S. 10/2.

**3**
1. Anna vient **d'**Allemagne. Avant, elle vivait **au** Canada, maintenant, elle vit **aux** États-Unis. Elle connaît bien **le** Portugal et **la** Tunisie.
2. Valentin vient **de** Belgique. Il vit **en** Chine. Il a vécu **en** Inde aussi. Il connaît **le** Canada et **les** États-Unis.

Wenn du die Präpositionen und Artikel vor Ländernamen noch nicht beherrschst,
▶ wiederhole die Übung S. 54/4 in deinem Buch.
▶ Lies den Abschnitt 1 in den *Repères* auf S. 66 noch einmal.
▶ Löse dann die Förderübung im Beiheft, S. 11/3.

**4**
1. **Qui est-ce que** 3. **Qu'est-ce qui**
2. **Qui est-ce qui** 4. **Qu'est-ce qui**

▶ Schau dir den Abschnitt 2 der *Repères* auf S. 66 noch einmal an.
▶ Löse dann die Förderübung im Beiheft, S. 12/4.

**5**
1. **s'est levée**, **s'est préparée**, **s'est dépêchée**
2. **se sont promenés**, **se sont arrêtées**

▶ In den *Repères* auf S. 67 kannst du die Bildung des *passé composé* der reflexiven Verben nachlesen.
▶ Löse dann die Förderübung im Beiheft, S. 12/5.

**6** 1. Avant de prendre sa douche, il a pris son petit-déjeuner. 2. Avant de ranger son bureau, il a fait son sac. 3. Avant de partir à l'école, il a dit «au revoir» à ses parents.

▶ Schau dir den Abschnitt 4 der *Repères* auf S. 67 noch einmal an.
▶ Löse dann die Förderübung im Beiheft, S. 13/6.

**7**
1. Oui, **il y en a (beaucoup / un peu / assez).**
2. Non, **il n'y en a pas/plus.**

▶ Schau dir den Abschnitt 5 der *Repères* auf S. 67 noch einmal an.
▶ Löse dann die Förderübung im Beiheft, S. 14/7.

**8** 1. Notre guide parle aussi bien français qu'anglais. Mais chez elle, / Mais à la maison, elle parle le plus souvent inuktitut. 2. Nous nous déplaçons en motoneige parce que ça va plus vite. 3. À l'hôtel «Koksoak», j'ai mieux dormi qu'au camping. 4. Et j'ai moins bien dormi sous la tente que dans l'igloo. 5. Demain, on va partir le plus tôt possible pour observer les animaux dans la nature.

▶ Die Steigerung des Adverbs kannst du auch in den *Repères* auf S. 67/6 nachschlagen.
▶ Löse dann die Förderübung im Beiheft, S. 14/8.

**9** (Beispielsätze) Sur le dessin de droite, il y a moins de motoneiges que sur le dessin de gauche. Sur le dessin de droite, il y a autant de maisons que sur le dessin de gauche. Sur le dessin de droite, il y a plus de chiens que sur le dessin de gauche.

Wenn du die Mengenangaben noch nicht beherrschst,
▶ wiederhole die Übung S. 62/6 in deinem Buch.
▶ Löse dann die Förderübung im Beiheft, S. 15/9.

## Unité 4 (Fais le point, S. 61–62)

**1** **a**
1. J'en ai marre!
2. Tu n'as pas le droit de pirater mon mot de passe!
3. Tu veux vraiment le savoir?
4. Tu mens!
5. Je me demande ce que je t'ai fait.
6. C'est dégoutant/dégueulasse!
7. Excuse-moi.
8. Ne me parle pas comme ça, s'il te plaît!
9. N'importe quoi!

**b** – Il y a trop de travail! – Oui, nous avons beaucoup de choses à faire, mais on va s'organiser!
– Nettoyer la salle de bain, c'est trop pénible!
– C'est vrai, ce n'est pas drôle, mais ne râle pas tout le temps s'il te plaît!

**c** (Beispiellösung) – Je me demande ce que je t'ai fait. – Tu veux vraiment le savoir?

▶ Wenn du Probleme hattest, diese Aufgabe zu lösen, übe regelmäßig mit der Rubrik *Qu'est-ce qu'on dit?* in den *Repères* (S. 88). Hast du Probleme mit der Rechtschreibung, dann schreibe die Sätze auf.
▶ Wiederhole auch die Texte der *Unités* regelmäßig. Lies einen Satz laut vor, schreibe ihn dann auf und vergleiche mit der Vorlage.
▶ Löse auch die Förderübung im Beiheft, S. 16/1.

**2**
1. Dis-lui la vérité!
2. Dépêchons-nous!
3. Excuse-toi!
4. Parle-leur!
5. Fais-moi confiance!
6. Ne le crois pas!

Der Imperativ mit Pronomen bereitet dir noch Schwierigkeiten?
▶ Dann kannst du die Bildung des Imperativs mit Pronomen in den *Repères* auf S. 88/1 nachschlagen.
▶ Löse auch die Förderübung im Beiheft, S. 16/2.

**3**
1. C'est toi qui as laissé ses affaires dans la salle de bains?
2. C'est ton jean qui est au milieu du salon?!
3. C'est à cette heure que tu fais tes devoirs?!
4. C'est avec cette musique que tu travailles?!
5. C'est demain que tu as ton interro de maths!
6. C'est moi qui dois tout faire ici!

▶ Schau dir den Satzteil an, der nach dem Relativpronomen kommt. Ist ein Subjekt da?
Nein? → Das Relativpronomen ist *qui*.
Ja? → Das Relativpronomen ist *que*.
▶ Schau dir den Abschnitt 2 der *Repères* auf S. 89 noch einmal an.
▶ Löse dann die Förderübung im Beiheft, S. 17/3.

**4**
1. Il demande s'il y a une télé ici.
2. Elle veut savoir où sont les douches.
3. Il demande si on peut cuisiner ici.
4. Il veut savoir comment on va au supermarché.
5. Elle veut savoir quand les magasins ferment.
6. Elle veut savoir à quelle heure on prend le petit-déjeuner.

Wenn dir die indirekte Frage noch Probleme bereitet:
▶ Lies den Abschnitt 3 der *Repères* auf S. 89 noch einmal genau durch.
▶ Denke immer daran, auch Pronomen und Verbformen wenn nötig anzupassen!
▶ Löse dann die Förderübung im Beiheft, S. 18/4.

**5**
1. Je **crois** que j'ai oublié mes devoirs à la maison.
2. Vous ne **croyez** pas qu'on pourrait regarder autre chose?
3. Le bon chemin, c'est par ici. **Crois**-moi.
4. Avant, je **croyais** que mon père était le vrai Père Noël.

▶ Schlage die Konjugation des Verbs *croire* auf S. 158 nach.
▶ Lerne die Konjugation auswendig. Du kannst auch die Verbkartei (S. 24 im Förderheft und auf der CD-ROM) verwenden.
▶ Löse anschließend die Förderübung im Beiheft, S. 19/5.

## Unité 5 (Fais le point, S. 71–72)

**1** **a** facile – difficile
la boisson – boire
les baskets – les chaussures
découvrir – la découverte
le clown– le cirque
l'équitation – le cheval
la ville – la campagne
la journée – la soirée
la mer – l'océan
la pluie – pleuvoir

▶ Übe die Vokabeln und ihren Artikel mit Hilfe der Wortliste auf S. 196–200, indem du immer eine rechte Spalte abdeckst.
▶ Löse dann die Förderübung im Beiheft, S. 20/1.

**b** Il était **environ** quatre heures quand j'ai vu une personne bizarre dans la cour. Je ne sais pas **vraiment** ce qu'elle faisait, mais elle tournait **autour** des poubelles, ça, c'est **sûr**! Je suis descendue pour voir, mais quand je suis arrivée, elle est partie **tout de suite**. J'ai pensé: «elle a **sûrement** caché un truc horrible dans la poubelle parce qu'elle est repartie les mains **vides**!» C'était trop bizarre. **Donc** j'ai ouvert la poubelle et j'ai trouvé cet objet incroyable!

**c** 3

**2**
1. Elle **est en train de** construire un château.
2. Elle **vient de** construire un château.
3. Il **est en train de** faire un gâteau au chocolat.
4. Il **vient de** faire un gâteau au chocolat.

▶ Denke daran: être *en train de* + Infinitiv = jemand ist dabei etwas zu tun; *venir de* + Infinitiv = jemand ist gerade mit einer Handlung fertig
▶ Schau dir die Abschnitte 3 und 4 der *Repères* auf S. 107/7 noch einmal an.
▶ Löse dann die Förderübung im Beiheft, S. 21/2.

**3**
1. – Vous connaissez le parc du Thabor?
   – Oui, on **y** est allés, c'était super!
2. – Vous avez déjà vu la côte vers Trégastel?
   – Oui, on **en** revient, c'est magnifique!
3. – Il y a un film sur Surcouf au cinéma!
   – Oui, j'**y** vais ce soir avec ma sœur!
4. – Ce restaurant a l'air sympa ...
   – Oui ... mais quand on **en** sort, on a encore faim!

▶ Denke daran: *en* ersetzt Ortsangaben mit *de*. *y* ersetzt alle anderen Ortsangaben.
▶ Schau dir die Abschnitte 3 und 4 der *Repères* auf S. 106/1 noch einmal an.
▶ Löse dann die Förderübung im Beiheft, S. 22/3.

**4**
1. Je dois prendre un train pour aller à Paris mais **lequel**?
2. Je dois acheter des légumes mais **lesquels**?
3. Je dois ranger la chambre mais **laquelle**?
4. Je dois préparer des activités pour les enfants mais **lesquelles**?

Wenn dir der Gebrauch des Fragepronomens noch nicht ganz klar ist,
▶ lies noch einmal die *Repères* auf S. 107/2.
▶ Löse dann die Förderübung im Beiheft, S. 23/4.

## Glossaire | Glossar – Übungsanweisungen

| | |
|---|---|
| Aide-le. / Aide-la. | Hilf ihm. / Hilf ihr. |
| À l'aide de ... | Mit Hilfe der ... |
| Coche le plan qui correspond / la bonne case / la bonne réponse. | Kreuze den passenden Plan / das richtige Kästchen / die richtige Antwort an. |
| Compare tes résultats / ta réponse avec ... | Vergleiche deine Ergebnisse / deine Antwort mit ... |
| Complète (les mini-dialogues / les notes / la grille / le tableau). | Ergänze (die Mini-Dialoge / die Notizen / das Gitter / die Tabelle). |
| Complète (par les formes du verbe ... / les mots suivants). | Ergänze (mit den Verbformen von ... / mit diesen Wörtern). |
| Décris la vie dans (ta ville). | Beschreibe das Leben in (deiner Stadt). |
| Écris (au moins ... / les chiffres / à sa place / les mini-dialogues / les verbes dans la bonne colonne du tableau / le nom qui convient). | Schreibe (mindestens ... / die Ziffern auf / an seiner/ihrer Stelle / die Mini-Dialoge / die Verben in die richtige Spalte der Tabelle / den passenden Namen). |
| Entoure les bonnes fins de phrases. | Kreise die richtigen Satzendungen ein. |
| Fais un associogramme / une fiche de conjugaison. | Erstelle ein Vokabelnetz / eine Verbkartei. |
| Fais des comparaisons. | Vergleiche. |
| Fais le quiz / les mots-croisés. | Löse das Quiz / das Kreuzworträtsel. |
| Imagine ... | Denk dir ... aus. / Stell dir vor. |
| Indique la ligne. | Gib die Zeilenzahl an. |
| Justifie (ton choix / ta réponse). | Begründe (deine Wahl / deine Antwort). |
| Mets-toi à sa place. | Versetze dich in seine/ihre Lage. |
| Note au moins ... | Schreibe mindestens ... |
| Note (le bon numéro / les conseils / le maximum de mots). | Notiere (die richtige Nummer / den Rat / so viele Wörter wie möglich). |
| Parle de tes préférences. | Erzähle von deinen Vorlieben. |
| Pense à l'accord de l'adjectif. | Denke an die Angleichung der Adjektive. |
| Prends des notes. | Mache dir Notizen. |
| Raye les mots / les phrases. | Streiche die Wörter / die Sätze durch. |
| Récris les phrases dans ton cahier. | Schreibe die Sätze noch einmal in dein Heft. |
| Relie (pour retrouver le dialogue / pour reconstituer l'histoire). | Verbinde (um die Dialoge zu rekonstruieren / um die Geschichte zu rekonstruieren). |
| Relis les résumés. | Lies noch einmal die Zusammenfassungen. |
| Retrouve (le bon programme / les mini-dialogues / les expressions). | Finde (das richtige Programm / die Mini-Dialoge / die Ausdrücke). |
| Souligne (les bonnes réponses / l'intrus / les noms qu'elle remplace). | Unterstreiche (die richtigen Antworten / „den Eindringling" / die Wörter, die sie ersetzt). |
| Surligne les mots importants. | Markiere die wichtigen Wörter. |
| Transforme les phrases. | Wandle die Sätze um. |
| Trouve (le bon chemin / la bonne fin / comment on dit ces mots en français / les mots ou expressions qui correspondent aux explications / le mot qui manque). | Finde (den richtigen Weg / das richtige Ende / wie man diese Wörter auf Französisch sagt / die Wörter oder Ausdrücke, die den Erklärungen entsprechen / das fehlende Wort). |
| Utilise (un dictionnaire / les expressions ... / au moins ...). | Verwende (ein Wörterbuch / die Ausdrücke ... / mindestens ...). |
| Vrai ou faux? | Richtig oder falsch? |